東京都主任級職選考〈論文〉対策

【増補版】
合格者が書いた
主任試験
合格レベル論文
実例集

「4ウェイ方式」論文通信添削研究会

【公人の友社】

はしがき

　小社は、昇任・昇格試験「論文」受験生のための「4 ウェイ論文通信添削講座」を通年開講し、毎年、多数の合格者を誕生させてまいりました。

　本「実例集」は、「4 ウェイ論文通信添削講座」を受講されていて見事合格された受講者が、講座で書き上げた論文の中で掲載承諾を頂いた〈論文〉を選別・編集したものです。

　「元論文」と〈添削指導〉によって見事に変窯した「書き直し」論文を可能な限りセットで取り上げることで、受験者がどのように「論文指導」を受け入れ「確かな論文力」を身に付けるにいたったかが確認いただけると思います。

　本増補版は新たに 7 本の論文を加え、さらに内容の充実を図りました。

　本書が皆様にとって有益なテキストになることを願っております。

　ご活用ください。

　本書は、論文掲載を快諾くださった受講者と添削指導講師のご協力無くしては実現できませんでした。

　皆様に心よりお礼申し上げます。

　　　　　　　　　　　　　　　　　　　　「4 ウェイ方式」論文通信添削研究会

目次

【主任級職選考 AⅠ 類論文】 ……………………………………… 7

練習問題 1 ………………………………………………………… 8

　80 点［論文例］ ……………………………………………… 13

練習問題 2 ………………………………………………………… 20

　84 点［論文例］ ……………………………………………… 25

【主任級職選考 AⅠ 類、AⅡ 類 共通論文】 …………………… 33

練習問題 1 ………………………………………………………… 34

　88 点［論文例 1-1］ ………………………………………… 38

　94 点［論文例 1-1］書き直し ……………………………… 44

　80 点［論文例 1-2］ ………………………………………… 50

　88 点［論文例 1-2］書き直し ……………………………… 56

　74 点［論文例 1-3］ ………………………………………… 62

　80 点［論文例 1-4］ ………………………………………… 69

　88 点［論文例 1-5］ ………………………………………… 76

練習問題 2 ………………………………………………………… 82

　88 点［論文例］ ……………………………………………… 85

練習問題 3 ………………………………………………………… 91

　76 点［論文例 3-1］ ………………………………………… 94

　80 点［論文例 3-1］書き直し ……………………………… 101

　76 点［論文例 3-2］ ………………………………………… 107

練習問題 4 ………………………………………………………… 113

　90 点［論文例 4-1］ ………………………………………… 117

　　90 点［論文例 4-2］………………………………………… 124

　　84 点［論文例 4-3］………………………………………… 130

　　80 点［論文例 4-4］………………………………………… 136

　練習問題 5 ……………………………………………………… 142

　　90 点［論文例 5-1］………………………………………… 145

　　88 点［論文例 5-2］………………………………………… 151

　　82 点［論文例 5-3］………………………………………… 158

【主任級職選考 AII 類 論文】……………………………… 165

　練習問題 1 ……………………………………………………… 166

　　74 点［論文例］……………………………………………… 167

　練習問題 2 ……………………………………………………… 173

　　80 点［論文例］……………………………………………… 174

　練習問題 3 ……………………………………………………… 180

　　82 点［論文例］……………………………………………… 181

【主任級職選考 B 論文】…………………………………… 187

　練習問題 1 ……………………………………………………… 188

　　88 点［論文例 1-1］………………………………………… 189

　　86 点［論文例 1-2］………………………………………… 193

　練習問題 2 ……………………………………………………… 198

　　80 点［論文例］……………………………………………… 199

主任級職選考

AI 類

論文

【主任級職選考 AI 類 論文】

練習問題 1

　東京を訪れる外国人旅行者が増加し、東京の将来に向けた持続的な成長と発展を実現する上で、国籍や民族などの異なる人々が、互いの文化的差異を認め合い、対等な関係を築いていく「多文化共生」が求められています。そこで、2020 年とその先を見据え、都としてどのような取組を行うべきか、次の (1)、(2) に分けて述べてください。

(1) 「多文化共生」の東京を実現する上での課題は何か、資料を分析して課題を抽出し、簡潔に述べてください。なお、資料 4 点のうち、2 点以上に触れること。

（300 字以上 500 字程度）

(2) (1) で述べた課題に対して、都は具体的にどのような取組を行っていくべきか、その理由とともに述べてください。

（1,200 字以上 1,500 字程度）

AＩ類　練習問題１　資料１

≪訪日・訪都外国人旅行者数及び訪都国内旅行者数の推移≫

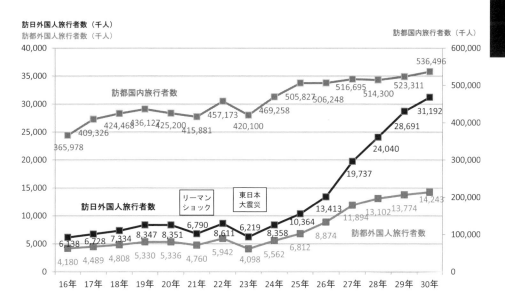

訪日外国人旅行者数（千人）
訪都外国人旅行者数（千人）

訪都国内旅行者数（千人）

【平成16年からの旅行者数の推移】

		平成16年	17年	18年	19年	20年	21年	22年	23年	24年	25年	26年	27年	28年	29年	30年
訪都外国人旅行者数	旅行者数（千人）	4,180	4,489	4,808	5,330	5,336	4,760	5,942	4,098	5,562	6,812	8,874	11,894	13,102	13,774	14,243
	対前年比（％）	－	7.4	7.1	10.9	0.1	▲ 10.8	24.8	▲ 31.0	35.7	22.5	30.3	34.0	10.2	5.1	3.4
訪都国内旅行者数	旅行者数（千人）	365,978	409,326	424,468	436,127	425,200	415,881	457,173	420,100	469,258	505,827	506,248	516,695	514,300	523,311	536,496
	対前年比（％）	－	11.8	3.7	2.7	▲ 2.5	▲ 2.2	9.9	▲ 8.1	11.7	7.8	0.1	2.1	▲ 0.5	1.8	2.5
訪日外国人旅行者数	旅行者数（千人）	6,138	6,728	7,334	8,347	8,351	6,790	8,611	6,219	8,358	10,364	13,413	19,737	24,040	28,691	31,192
	対前年比（％）	－	9.6	9.0	13.8	0.0	▲ 18.7	26.8	▲ 27.8	34.4	24.0	29.4	47.1	21.8	19.3	8.7

出典：訪日外国人旅行者数　　　　　　　　　　　　「訪日外客数」（JNTO）
　　　訪都外国人旅行者数及び訪都国内旅行者数　「東京都観光客数等実態調査」（東京都）

AⅠ類　練習問題1　資料2

調査結果概要 （1）外国人観光案内所を訪問した外国人旅行者アンケート調査結果

国土交通省 観光庁

2）旅行中困ったことについて

● 旅行中困ったこととして、「無料公衆無線LAN環境」が36.7%と最も多い。次に、「コミュニケーション」が24.0%、「目的地までの公共交通の経路情報の入手」が20.0%である。

● 旅行中最も困ったことについても同様の傾向であり、「無料公衆無線LAN環境」が23.9%と最も割合が大きい。ついで「コミュニケーション」（17.5%）である。「観光案内所が分かりにくい」（1.6%）し「場所が分かりにくい」（1.3%）という回答の割合は他に比べ少ない。

■コミュニケーションに困った場所・場面

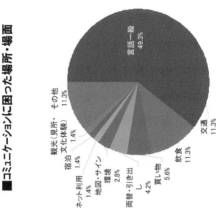

言語一般 49.3%
その他 11.3%
観光（見所）・文化体験 1.4%
宿泊 1.4%
ネット利用 1.4%
地図・サイン 2.8%
環境 4.2%
両替・引き出し
買い物 5.6%
飲食 11.3%
交通 11.3%

■旅行中困ったこと（MA）

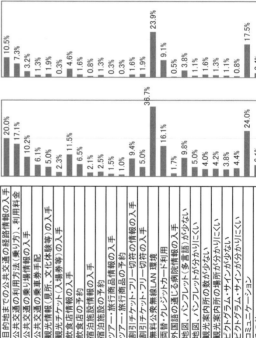

項目	旅行中困ったこと（MA）N=479	旅行中最も困ったこと（SA）N=372
目的地までの公共交通の経路情報の入手	20.0%	10.5%
公共交通の利用方法（乗り方）・利用料金	17.1%	7.3%
公共交通の乗り場券情報の入手	10.2%	3.2%
公共交通の乗車券等手配	6.1%	1.3%
観光情報（見所、文化体験等）の入手	5.0%	1.9%
観光チケット（入場券等）の入手	2.3%	0.3%
飲食店情報の入手	11.5%	4.6%
飲食店の予約	6.5%	1.6%
宿泊施設情報の入手	2.1%	0.8%
宿泊施設の予約	2.5%	1.3%
ツアー・旅行商品情報の入手	1.5%	0.3%
ツアー・旅行商品の予約	1.0%	0.3%
割引チケット・フリー切符の情報の入手	9.4%	1.6%
割引チケット・フリー切符の入手	5.0%	1.9%
無料公衆無線LAN環境	36.7%	23.9%
両替・クレジットカード利用	16.1%	9.1%
外国語の通じる病院情報の入手	1.7%	0.5%
地図、パンフレット（多言語）がない	9.8%	3.8%
地図、パンフレットが分かりにくい	5.0%	1.1%
観光案内所の数が少ない	4.0%	1.6%
観光案内所の場所が分かりにくい	4.2%	1.3%
ピクトグラム・サインがよくない	3.8%	1.1%
ピクトグラム・サインが分かりにくい	4.4%	0.8%
コミュニケーション	24.0%	17.5%
その他	6.1%	2.4%

出典：国土交通省（2017）『訪日外国人旅行者の国内における受入環境整備に関するアンケート』結果

ＡⅠ類　練習問題１　資料３

（2）**外国人との関わり**：この１年間で東京に暮らす外国人との関わりを聞いた。（Ｍ．Ａ．）

（本文Ｐ95〜Ｐ96）

・「職場や仕事関係で関わりがあった」が26％でトップ
・「あいさつ程度の関わりがあった」16％、「近所付き合いがあった」6％が続く
・一方、「関わりがなかった」は49％と、一番多くなっている。

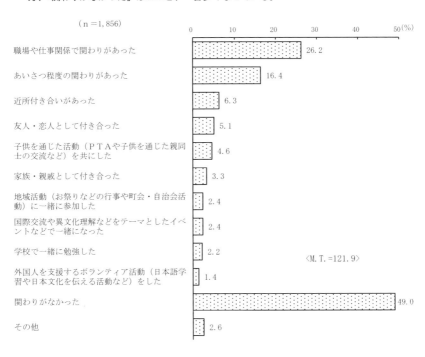

（ｎ＝1,856）

職場や仕事関係で関わりがあった	26.2
あいさつ程度の関わりがあった	16.4
近所付き合いがあった	6.3
友人・恋人として付き合った	5.1
子供を通じた活動（ＰＴＡや子供を通じた親同士の交流など）を共にした	4.6
家族・親戚として付き合った	3.3
地域活動（お祭りなどの行事や町会・自治会活動）に一緒に参加した	2.4
国際交流や異文化理解などをテーマとしたイベントなどで一緒になった	2.4
学校で一緒に勉強した	2.2
外国人を支援するボランティア活動（日本語学習や日本文化を伝える活動など）をした	1.4
関わりがなかった	49.0
その他	2.6

〈Ｍ.Ｔ.＝121.9〉

出典：東京都生活文化局（2018）『都民生活に関する世論調査』

ＡⅠ類　練習問題１　資料４

(9) **行政に求めること**：多文化共生の社会づくりに向けて、行政が力を入れるべきだと思うこと
を聞いた。(5M．A.)

(本文P110〜P111)

・「外国人に対して日本の生活ルールや習慣、文化の違いなどを周知する」が75%でトップ
・「外国人に対して日本語の学習を支援する」43%、「外国人に対する相談体制を充実する」36%、
「日本人に対して外国の生活ルールや習慣、文化の違いなどを周知する」31%が続く

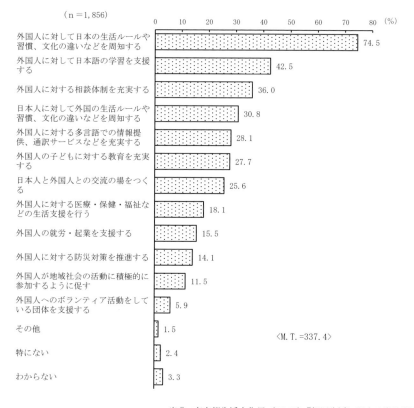

出典：東京都生活文化局（2018）『都民生活に関する世論調査』

主任職選考ＡⅠ類　練習問題１
合格者が書いた論文［論文例］

80点

課題抽出

（１）　(1)「多文化共生」の東京を実現する上での課題は何か、資料を
分析して課題を抽出し、簡潔に述べてください。なお、資料４点のうち、
２点以上に触れること。　　　　　　　　　　　　（300字以上500字程度）

（１）

　日本人と外国人が、互いの文化的差異を認め合い、互いを受け入れることができる多文化共生の都市東京を実現するため、以下３点が課題として挙げられる。

　第一に、外国人観光客の受入整備である。資料１より、近年、訪都外国人旅行者数が増加している一方で、資料２より、多くの外国人旅行者が、無料公衆無線ＬＡＮ環境や観光等に必要な情報の入手、コミュニケーション等に不便さを感じており、外国人観光客が快適に滞在できる環境の整備が求められている。

　第二に、外国人の地域活動等への参加促進である。資料３によると、外国人との関わりがない都民が多く、また、地域活動やイベント等で外国人と関わることも少ない状況である。外国人の地域活動への積極的な参加を促し、外国人との交流機会を増やして

・ここは「滞在」よりも「情報入手できる」とか「コミュニケーションが容易な」のほうが問題点が明確になるでしょう。

・本文の問題点と合わせて、地域参加が少ないと何が問題なのか明らかにするとベター

いくことが必要である。

　第三に、日本人と外国人の相互理解の促進である。資料４によると、都民の多くが、外国人が日本で生活する上で必要なルール等の周知を求めている。また、日本人も外国の生活習慣等を知る必要があると考える都民も多く、日本人と外国人が互いの文化や習慣を理解するための環境づくりが必要である。

・これが第２の問題点と重なるところがあるので、レジュメで要チェック！

論 文

(2) (1)で述べた課題に対して、都は具体的にどのような取組を行って
いくべきか、その理由とともに述べてください。

（1,200字以上1,500字程度）

AI類

（2）

（1）で述べた課題に対し、都は以下3点に取り組
んでいくべきである。

1. 外国人観光客の受入整備

　外国人が快適に観光するためには、滞在中、交通
案内や観光情報等を素早く正確に取得する必要があ
るが、無料公衆無線LAN環境の整備が十分に進ん
でいない場所が多いために、情報取得に苦労してい
る。また、多くの外国人が言語の不自由さを感じて
おり、日本語が分からない外国人が快適に滞在する
ためのサポートが不足している。

　そこで都は、鉄道・バスの事業者と協動し、駅構
内や電車・バス内等で無料WiFiが利用可能な環境
を整備することで、外国人の円滑な移動をサポート
する。また、飲食店や宿泊施設等においてWiFi環
境の導入を希望する民間事業者に環境整備の費用を
助成し、導入支援を行うことで、外国人が人気のメ
ニューや観光情報等をすぐに取得できる環境を整備
する。さらに、多言語音声翻訳アプリのダウンロー
ド・使用方法の案内パンフレットやQRコードを、
空港や駅、観光スポット等の要所に設置して積極的

・まず都として自ら何を
するのか書く。都道と
か庁舎などはまずどう
する？

・前半でWifi環境の
話をしたのでここでは
観光案内所などそれ以
外のメディアの話をす
る。

な活用を促すことで、外国人旅行者のコミュニケーションをサポートする。

　以上の取組により、外国人が滞在しやすい環境を整備することで、より多くの外国人に東京を訪れてもらえるようになる。

2.　外国人の地域活動等への参加促進

　東京で暮らす外国人の中には、ボランティア活動や地域活動を通じて社会貢献をしたいと考える人もいるが、言語の壁や活動の情報自体が外国人に届いていない等の問題があり、外国人の地域参加が進んでいない状況である。外国人の地域活動等への参加を促進するためには、外国人に対して日本語の学習支援を行うと共に、日本語が話せなくても参加可能な活動を周知していく必要がある。

　そこで都は、外国人の日本語学習支援を充実させるため、区市町村や国際交流委員会で働く日本語教育に携わるボランティアを育成するためのスキルアップセミナーを開催し、より質の高い日本語教育を多く提供できるようにする。また、外国人への情報提供については、都内で実施される日本語教室や、通訳・翻訳など外国人の能力を活かしたボランティア活動、日本語の会話能力に関係なく参加できる地域活動等の情報を幅広く収集し、多言語でのポータルサイトによる情報発信を行う。

　以上の取組により、外国人の地域活動等への参加

・「そこで、〜」の前は問題点を書くところなので、足りないもの外国人が不便に感じている理由などを書く。

・都の教育機関の役割は無いのですか？

機会が増え、外国人が地域の担い手として活躍できるようになる。

3.　日本人と外国人の相互理解の促進

　外国人への生活支援については、地域によって国籍・人口・在住目的等が異なることもあり、<u>各自治体での取組の充実度に差があるのが現状である。</u>また、日本人に外国の文化や習慣を理解しようとする意識が足りないために、外国人を排除するような言動が発生することもある。

・ちょっと抽象的です。このあたりの内容を具体的問題として書く。

　そこで都は、外国人への生活支援に関する取組が進まない自治体に対して、当該自治体における在住外国人の国民性や宗教観等の有識者をアドバイザーとして派遣し、地域の状況に合わせて外国人向けの生活情報冊子の作成や、生活支援のセミナーを開催する等により、情報発信を強化する。また、日本人が異なる文化や習慣を有する人々と違和感なく生活できるよう、<u>義務教育段階から様々な国の文化や習慣を直接外国人から学ぶ場を設定する。</u>さらに、多文化共生に係る意識啓発や交流を目的としたイベントを開催し、都が率先して多文化共生の重要性を発信することで、多文化共生社会に対する日本人・外国人双方の理解の促進を図る。

・ここも区市町村支援の前に都として自ら何をやるのか書く。

・具体的にどのようにやる？
その際の都の役割は？

　以上の取組により、日本人と外国人の相互理解が進み、互いの価値観を受け入れる意識を醸成することができる。

AI類

4. 多文化共生の都市東京の実現

　今まで述べてきた取組により、外国人旅行者・居住者を受け入れるための環境を整備し、また、日本人と外国人が互いの価値観を受け入れて認め合うことができれば、多文化共生の都市東京が実現できると確信する。

・特にまとめは必要なし。
トル

論 文 添 削 票

採点のポイント						
問題意識	問題（理想と現実のギャップ）を理解しているか	10	[8]	6	4	2
	問題の背景をとらえているか	10	[8]	6	4	2
	問題の原因を的確にとらえているか	10	[8]	6	4	2
	問題点と解決策の整合性はあるか	10	[8]	6	4	2
論理性	問題解決の実証性はあるか	10	[8]	6	4	2
	解決策は現実的、具体的か	10	8	[6]	4	2
表現力	文章は分かりやすいか	[10]	8	6	4	2
	誤字や脱字等のミスはないか	10	[8]	6	4	2
積極性	主任職の立場から論じているか	10	[8]	6	4	2
	自ら解決する意気込みが感じられるか	10	[8]	6	4	2

得点 80 点	極めて優秀 90 点以上	[ほぼ合格圏 70 ～ 89 点]	もう一工夫が必要 50 ～ 69 点	相当の努力が必要 50 点未満

講評

全体としては良く書けています。

ただし、都政モノの論文ではまず解決策に都として自らやることを書くことを心がけて下さい。

自らやることを書き、民間や区市町村の支援はそのあとにしましょう。

【主任級職選考 AⅠ 類論文】

練習問題2

　日本において、人口減少と少子高齢化によって今後の内需の大幅な伸びが期待できなくなる中、東京の将来に向けた持続的な成長と発展を実現する上で、公共交通網の整備の必要性は、これまでになく高まっています。このような状況を踏まえ、東京の公共交通網の整備を進めていくためには、どのような取組を行うべきか、次の (1)、(2) に分けて述べてください。

(1)　東京の公共交通網を整備する上での課題は何か、資料を分析して課題を抽出し、簡潔に述べてください。なお、資料4点のうち、2点以上に触れること。　　　　　　　　　（300字以上500字程度）

(2)　(1) で述べた課題に対して、都は具体的にどのような取組を行っていくべきか、その理由とともに述べてください。
　　　　　　　　　　　　　　　　　（1,200字以上1,500字程度）

ＡⅠ類　練習問題２　資料１

東京圏における主要区間の混雑率

（平成29年度）

事業者名	線　名	区　　間	時間帯	編成・本数 （両・本）	輸送力 （人）	輸送人員 （人）	混雑率 （％）
東　　武	伊 勢 崎	小　菅 → 北 千 住	7:30～8:30	8.4 × 41	45,314	67,669	149
	東　　上	北 池 袋 → 池　　袋	7:30～8:30	10 × 24	33,120	45,537	137
西　　武	池　　袋	椎 名 町 → 池　　袋	7:26～8:25	9 × 24	30,072	49,098	163
	新　　宿	下 落 合 → 高 田 馬 場	7:31～8:30	9.2 × 26	33,412	53,419	160
京　　成	※ 押 上	京 成 曳 舟 → 押　　上	7:40～8:40	8 × 24	23,232	33,230	143
	本　　線	大 神 宮 下 → 京 成 船 橋	7:20～8:20	7 × 18	15,246	19,393	127
京　　王	京　　王	下 高 井 戸 → 明 大 前	7:40～8:40	10 × 27	37,800	63,023	167
	※ 井 の 頭	池 ノ 上 → 駒 場 東 大 前	7:45～8:45	5 × 28	19,600	28,914	148
小 田 急	小 田 原	世 田 谷 代 田 → 下 北 沢	7:31～8:31	9.7 × 36	49,416	74,554	151
東　　急	東　　横	祐 天 寺 → 中 目 黒	7:50～8:50	8.8 × 24	31,650	53,229	168
	※田園都市	池 尻 大 橋 → 渋　　谷	7:50～8:50	10 × 27	40,338	74,806	185
京　　急	本　　線	戸　部 → 横　　浜	7:30～8:30	9.5 × 27	32,000	46,223	144
東 京 都	※ 浅　草	本 所 吾 妻 橋 → 浅　　草	7:30～8:30	8 × 24	23,040	29,743	129
	三　　田	西 巣 鴨 → 巣　　鴨	7:40～8:40	6 × 20	16,800	26,164	156
	※ 新　宿	西 大 島 → 住　　吉	7:40～8:40	9.5 × 17	22,680	34,727	153
東 京 地 下 鉄	日 比 谷	三 ノ 輪 → 入　　谷	7:50～8:50	8 × 27	27,216	42,595	157
	※ 銀　座	赤 坂 見 附 → 溜 池 山 王	8:00～9:00	6 × 30	18,300	29,241	160
	丸 ノ 内	新 大 塚 → 茗 荷 谷	8:00～9:00	6 × 31	22,989	37,859	165
	※ 東　西	木　場 → 門 前 仲 町	7:50～8:50	10 × 27	38,448	76,616	199
	有 楽 町	東 池 袋 → 護 国 寺	7:45～8:45	10 × 24	34,170	55,847	163
	千 代 田	町　屋 → 西 日 暮 里	7:45～8:45	10 × 29	41,296	73,564	178
	半 蔵 門	渋　谷 → 表 参 道	8:00～9:00	10 × 27	38,448	66,549	173
JR東日本	東 海 道	川　崎 → 品　　川	7:39～8:39	13 × 19	35,036	65,600	187
	横 須 賀	武 蔵 小 杉 → 西 大 井	7:26～8:26	13 × 10	18,640	36,590	196
	中 央（快速）	中　野 → 新　　宿	7:55～8:55	10 × 30	44,400	81,560	184
	中 央（緩行）	代 々 木 → 千 駄 ヶ 谷	8:01～9:01	10 × 23	34,040	33,180	97
	※京浜東北	川　口 → 赤　　羽	7:25～8:25	10 × 25	37,000	63,860	173
	※常磐（快速）	松　戸 → 北 千 住	7:18～8:18	14.2 × 19	38,852	60,950	157
	常磐（緩行）	亀　有 → 綾　　瀬	7:23～8:23	10 × 24	33,600	51,660	154
	総武（快速）	新 小 岩 → 錦 糸 町	7:34～8:34	13 × 19	35,416	63,990	181
	総武（緩行）	錦 糸 町 → 両　　国	7:34～8:34	10 × 26	38,480	75,990	197
31区間の平均混雑率							163

（注）混雑率は最混雑時間帯1時間の平均

◎主要区間：国土交通省において継続的に混雑率の統計をとっている区間等
※銀座線の区間は平成9年度から赤坂見附→虎ノ門より変更
※東急田園都市線の線名は平成12年度から新玉川線より変更
※東京地下鉄東西線の区間は平成13年度から門前仲町→茅場町より変更
※京成押上線の区間は平成14年度から四ツ木→八広より変更
※都営浅草線の区間は平成16年度から押上→本所吾妻橋より変更
※都営新宿線の区間は平成16年度から新宿→新宿3丁目より変更
※京王井の頭線の区間は平成25年度から神泉→渋谷より変更
※JR東日本京浜東北線の区間は平成27年度から上野→御徒町より変更
※JR東日本常磐線（快速）は（中電）と同区間・同停車駅であるため、平成29年度から合算値とした。

出典：国土交通省（2018）『三大都市圏の主要区間の混雑率』

ＡⅠ類　練習問題２　資料２

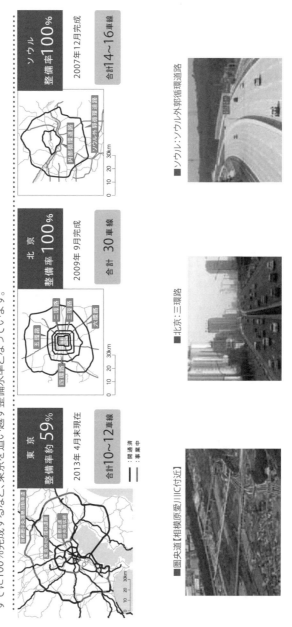

経済成長めざましい東アジア。その成長を支えているインフラ整備。

東アジアの諸国では、道路や空港などのインフラ整備が急速な経済成長を支えています。北京やソウルでは、環状道路は最大8車線で、すでに100％完成するなど、東京を追い越す整備水準となっています。

ソウル
整備率100%
2007年12月完成
合計14～16車線

ソウル外郭循環道路
首都圏環状道路

北京
整備率100%
2009年9月完成
合計30車線

二環路
三環路
四環路
五環路
六環路

東京
整備率約59%
2013年4月末現在
合計10～12車線

―：開通済
―：事業中

■ソウル：ソウル外郭循環道路

■北京：三環路

■圏央道[相模原愛川IC付近]

出典：国土交通省関東地方整備局横浜国道事務所（2015）『話さがみ縦貫道路パンフレット』

ＡⅠ類　練習問題２　資料３

諸外国の主要空港との比較

○ ７５万回化の達成により、容量面では、アジア諸国の主要空港トップクラスに。
○ 欧米主要空港では年間発着回数が１００万回を超えているところもあり、さらなる輸送人員の増加のためには、容量拡大の検討も必要。

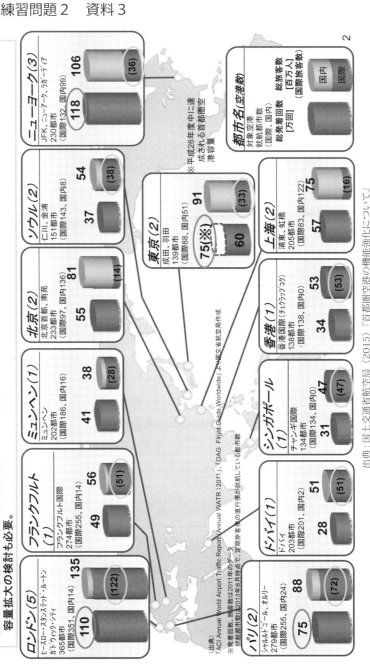

※平成26年度中に達成される首都圏空港容量

都市名（空港数）
対象空港
就航都市数
［国際（国内）］
総発着回数
［万回］

総旅客数
［百万人］
国内
国際

ニューヨーク（3）
JFK、ニューアーク、ラガーディア
230都市
（国際132、国内99）
106
(36)
118

東京（2）
成田、羽田
139都市
（国際88、国内51）
91
(33)
75（※）
60

ソウル（2）
仁川、金浦
151都市
（国際143、国内8）
54
(38)
37

上海（2）
浦東、虹橋
205都市
（国際83、国内122）
75
(16)
57

北京（2）
北京首都、南苑
233都市
（国際97、国内136）
81
(14)
55

香港（1）
香港国際（チェクラプコク）
138都市
（国際138、国内0）
53
(53)
34

ミュンヘン（1）
ミュンヘン
202都市
（国際186、国内16）
38
(28)
41

シンガポール（1）
チャンギ国際
134都市
（国際134、国内0）
47
(47)
31

フランクフルト（1）
フランクフルト国際
274都市
（国際255、国内14）
56
(51)
49

ドバイ（1）
ドバイ
203都市
（国際201、国内2）
51
(51)
28

ロンドン（5）
ヒースロー・スタンステッド・ルートン・
ガトウィック・シティ
365都市
（国際351、国内14）
135
(122)
110

パリ（2）
シャルルドゴール、オルリー
279都市
（国際255、国内24）
88
(72)
75

（出典）
「ACI Annual World Airport Traffic Report Annual WATR」2011」、「OAG Flight Guide Worldwide」より国土交通省航空局作成
※発着回数、旅客数は2011年のデータ
就航都市数は2013年8月時点で、定期旅客便の直行便が就航している都市数

出典：国土交通省航空局（2015）『首都圏空港の機能強化について』

ＡＩ類　練習問題２　資料４

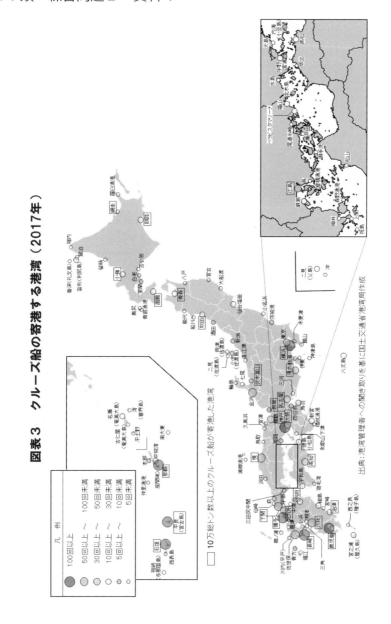

図表３　クルーズ船の寄港する港湾（2017年）

出典：港湾管理者への聞き取りを基に国土交通省港湾局作成

主任職選考AⅠ類　練習問題2
合格者が書いた論文 ［論文例］

84点

課題抽出

（1）　東京の公共交通網を整備する上での課題は何か、資料を分析して
課題を抽出し、簡潔に述べてください。なお、資料4点のうち、2点
以上に触れること。　　　　　　　　　　　　（300字以上500字程度）

（1）

　東京の公共交通網の整備を進めていく上で、以下
3点が課題として挙げられる。

　第一に、鉄道混雑の緩和である。資料1より、東
京圏での朝の通勤ラッシュは深刻化しており、今後
更に増加が予想される訪都外国人観光客の移動が通
勤ラッシュと重なった場合、鉄道機能が停止する恐
れがある。また、満員電車での通勤によるストレス
が、仕事の生産性の低下に影響することも考えられ
る。

　第二に、増大する航空需要への対応である。資料
3より、首都圏空港では、発着回数75万回を実現
してはいるものの、国際線発着枠については、世界
の主要都市の空港と比較して少ない状況である。東
京2020大会の円滑な実施等に向けて、増加する国
際線需要への対応が求められるが、現状の羽田・成
田空港ではその対応が不十分と言える。

・本当にそうか？外国
人が通勤ラッシュに鉄
道にどのくらい乗るの
か？

・どのくらい影響するの
か書く。

・これは、このくらい書
けば良いでしょう。

　第三に、クルーズ客船の誘致促進である。資料4より、東京港の大型クルーズ船の寄港実績は、九州の港湾や横浜港に比べ少ない状況である。訪日クルーズ旅客数は近年増加しているが、<u>東京港は都心や観光スポットへのアクセスが良いにも関わらず、旅客を取り込めていない状況である。</u>

・東京港のどこのことを言っているのか？

論　文

(2)　(1)で述べた課題に対して、都は具体的にどのような取組を行って
　　いくべきか、その理由とともに述べてください。

（1,200字以上1,500字程度）

（2）

　（1）で述べた課題に対し、都は以下の3点に取り組んでいくべきである。

1.　鉄道混雑の緩和

　東京圏で鉄道混雑が深刻化している背景には、通勤で鉄道を利用する人の多くが、朝の同じ時間帯に集中することが考えられる。また、鉄道事業者が行う混雑緩和に向けた取組が不十分かつ取組の情報が利用者に届いていないことも考えられる。

　そこでまず都は、通勤時間をずらす取組が進みにくい中小企業に対して、働き方改革アドバイザーを派遣し、各企業の特性を考慮しつつ、勤務時間に拘らないフレックス制度の導入支援を進める。また、在宅勤務等のテレワーク制度導入を希望する企業に対して、環境整備の費用を助成し、働く場所に拘らない企業を増やしていく。さらに、鉄道事業者が行う混雑緩和に向けた取組と情報発信を支援する。具体的には、平日のオフピーク時間帯の鉄道利用者に対して購買ポイントを付与する等、インセンティブを与える取組を行う事業者に対して助成金を付与

・ここでは、まず新線建設や都営交通での輸送力増強の取り組みなどハード面を書く。

し、取組を拡大させる。また、各鉄道事業者から配信される混雑情報を集約し、都のホームページを活用して一元的に情報発信を行う。

　以上の取組により、東京圏の鉄道混雑の緩和を実現し、今後の観光客増加への対応や、通勤ストレスの解消につなげることができる。

2.　増大する航空需要への対応

　首都圏における国際線需要の増加への対応として、特に都心に近く24時間利用可能な羽田空港の機能強化が注目されているが、羽田空港は深夜早朝を除いてフル稼働しており、現状のままでは増便が図れない。また、羽田や成田空港の増便を図ったとしても、2020年代前半には首都圏の空港容量が満杯になる見込みであり、羽田・成田空港以外での航空需要への対応も必要である。

　そこでまず都は、羽田空港の発着枠を拡大できるよう、滑走路の運用や飛行経路の見直しについて地元に丁寧に説明しつつ、騒音・安全対策を国に求める。また、発着枠拡大に伴う空港利用者増加への対応も必要となるため、都は、鉄道・バス事業者と連携し、新たな羽田空港アクセス線の開通や、深夜早朝時間帯の空港直通バスの本数増加を働きかける。さらに、首都圏西部地域の航空利便性の向上に資する横田基地において、ビジネス航空の受入を含めた民間航空の利用の実現に向け、日米協議を進展させ

・この話の前に羽田の新飛行経路の話を書く！

るよう国に求める。

　以上の取組により、東京 2020 大会開催やその後の航空需要の増加に対応することができる。

3. クルーズ客船の誘致促進

　訪日クルーズ旅客数の増加やクルーズ客船の大型化が進む中、東京港においては、レインボーブリッジを通過できないために受け入れができない客船が増加している。また、現在東京港でクルーズ客船を受け入れている晴海ふ頭では、荷物の積み降ろし等の対応に係る施設能力不足や、都心へのアクセスの良さ等の魅力が旅行者に十分に認識されていないといった課題もある。

　そこで都は、東京港で大型クルーズの受け入れに対応するため、レインボーブリッジの影響を受けないエリアに新たな客船ふ頭の整備を行う。また、乗船客の増加に対応できるよう、クルーズ船社や船舶代理店のニーズ・ノウハウを積極的に取り入れ、客船・旅客・荷物のスムーズな移動を実現させる。さらに、新客船ふ頭を含めた東京港をＰＲするために、ホームページやＳＮＳを活用した情報発信や、旅行会社と連携し、東京港を活用したツアーの企画等を行う。

　以上の取組により、東京港に今後も増加が見込まれるクルーズ旅客を取り込むことができる。

4. 公共交通網が整備された東京の実現

・そのためにどのような問題が生じているのか書く。

・他人事のように思えます。都は東京港の管理者なので、具体的に道路や交通機関の整備など何をするのか書く。

・特にまとめは必要ないでしょう。

　今まで述べてきた取組により、東京の公共交通網の整備を着実に推進することで、東京の将来に向けた持続的な成長と発展を実現することができると確信する。

論 文 添 削 票

採点のポイント						
問題意識	問題（理想と現実のギャップ）を理解しているか	10	(8)	6	4	2
	問題の背景をとらえているか	10	(8)	6	4	2
	問題の原因を的確にとらえているか	10	(8)	6	4	2
	問題点と解決策の整合性はあるか	10	(8)	6	4	2
論理性	問題解決の実証性はあるか	10	(8)	6	4	2
	解決策は現実的、具体的か	10	(8)	6	4	2
表現力	文章は分かりやすいか	(10)	8	6	4	2
	誤字や脱字等のミスはないか	(10)	8	6	4	2
積極性	主任職の立場から論じているか	10	(8)	6	4	2
	自ら解決する意気込みが感じられるか	10	(8)	6	4	2

得点 84 点	極めて優秀 90点以上	○ほぼ合格圏 70～89点	もう一工夫が必要 50～69点	相当の努力が必要 50点未満

講評

良く書けています。本番でこのくらい書ければ合格水準でしょう。

ただし、通勤ラッシュの話は、都政の大きな課題なので、何が問題で、都としてどのように解決するのか、具体的に書けるようにしましょう。スムーズビズなどは2次的な解決策であることをお忘れなく。

主任級職選考

AI 類、AII 類

共通論文

【主任級職選考 AI 類、AII 類 共通論文】

練習問題 1

・下記の事例と資料を分析し、次の (1)、(2) に分けて述べてください。

A局のC事業所は、工場などの事業場の公害規制・指導を主な業務としている。あなたは、C事業所に、調整担当の主任として本年4月に局間交流で配属された。C事業所は、所長以下9人で組織されており、おもな担当業務は組織図のとおりである。調整担当は、今年度は、あなたの他に、ベテランのD課長代理、昨年他局から異動してきたE主任、あなた、今年度新規採用職員のF主事の4人で構成されており、あなたはF主事を指導するチューターとなった。F主事は、大学を今年卒業し、仕事はこれまでアルバイトしか、したことがないと語っていた。

C事業所では、法令改正を受け来年4月の水質規制の新制度に向け事業場からの相談件数が増加しており、従来業務処理を担ってきたベテラン職員が減少する中、「新制度に向けての説明がわかりづらい」等の苦情が多発している。

そのため、相談対応の業務改善を事業所全体で検討することになった。

あなたは、調整担当のD課長代理から新制度相談検討を任され、事業場からの相談対応や事業所内の連絡調整を担うこととなった。公害規制ベテランのJ主任と業務改善を進めていくため、事業所内の相談対応方針、ノウハウ継承の方策を検討していく予定でいた。

F主事の配属後4か月が経過したころ、あなたはF主事から、「昨日も相談者から説明がわからないとの苦情を受けました。水質関係の指導担当のJ主任は公害規制のベテランなのに、新制度に向けての相談は調整担当の仕事だと言って相談にも乗ってくれません。これでは満足な仕事ができません。」と言われた。

(1) 設問の職場において、都民への新制度の理解促進を進めていくため、組織全体で対応する上での課題について、簡潔に述べてください。　　　　　　　　　　　　　　　　（300字以上500字程度）

(2) (1)で述べた課題に対して、今後、あなたはどのように課題解決に向けて取り組んでいくべきか、主任に期待される役割を踏まえ、具体的に述べてください。　　　　　（1,200字以上1,500字程度）

AI 類、AII 類 共通　練習問題 1　資料 1

A局の組織図

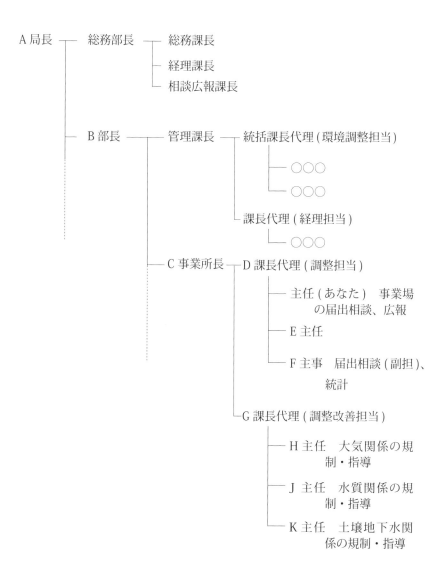

AI 類、AII 類 共通　練習問題１　資料２

あなたとF主事に関連する出来事

4月　・F主事、新規採用職員としてC事業所に配属される。

　　　・主任（あなた）は、局間交流でC事業所に配属される。

　　　・主任（あなた）は、E主事のチューターとなる。

　　　・主任（あなた）は、D課長代理から、水質規制新制度検討を任される。

　　　・「新制度に向けての説明がわかりづらい」等の苦情が多発する。

　　　・E主事が主任（あなた）に不満を漏らす。

7月

来年　・水質規制の新制度開始

4月

AI 類、AII 類 共通　練習問題１　資料３

C事業所相談件数の推移　　単位：件

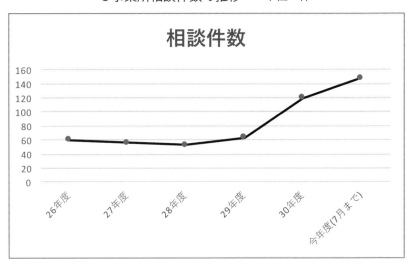

AI 類、AII 類 共通　練習問題 1　資料 4

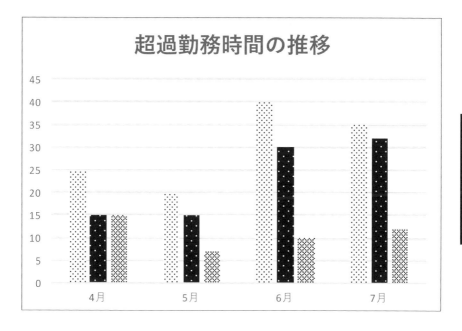

主任級職選考 AI 類、AII 類 共通論文　練習問題 1
合格者が書いた論文［論文例 1-1］

88点

課題

（1）　設問の職場において、都民への新制度の理解促進を進めていくため、組織全体で対応する上での課題について、簡潔に述べてください。
（300 字以上 500 字程度）

（1）

　設問の職場において都民への新制度に対する理解促進に向け、組織全体で対応する上での課題は以下の 3 点である。

　第 1 に組織内での連携が不十分な点である。事例では、J 主任が相談に乗ってくれない等、業務の縦割意識が強く連携して業務を進められていない。また連携不足が原因で特定の人に業務が集中し、超過勤務が常態化している。このままでは事業場からの相談を円滑に処理することは難しい。

　第 2 に、ノウハウ継承の仕組みが不十分な点である。今年度の調整担当は、A 代理以外全て業務未経験者であるが、ベテラン職員からノウハウを引継ぐ機会がなく、対応に苦慮している様子が伺える。このことが都民からの苦情に繋っている。このままでは貴重なノウハウが失われ、組織力が低下するおそれがある。

（1）は良くできています。

第3に新制度に関する広報が不十分な点である。来年度の新制度に向け事業場からの相談件数が増加しているところであるが、それに比例して、説明が分かりづらい等の苦情が多発している状況である。このままでは、新制度に対する都民の理解が得られず、業務が停滞する可能性がある。

AI, AII 類共通

課題解決

(2)　(1) で述べた課題に対して、今後、あなたはどのように課題解決に
向けて取り組んでいくべきか、主任に期待される役割を踏まえ、具体
的に述べてください。　　　　　　（1,200 字以上 1,500 字程度）

（2）

　設問の職場の課題解決に向け、私は主任として
以下の3点に取組む。

1.　事業所内の連携強化

　業務を円滑に進めていくためには、担当の縦割
意識を無くし、組織全体として連携しながら対応
していく必要がある。

　そこで私は、~~所内の連携強化に向け~~事業所内会
議の開催をD代理に提案する。会議では、~~事業場
からの相談が増加している中で、~~経験の浅い調整担
当だけでは対応が難しいことを~~伝え~~、環境改善担
　　　　　　　　　　　　　　　　^増加する相談への　　　　　　^報告し
当にも協力を依頼する。また、各自が~~対応してい~~
　　　　　　　　　　　　　　　　　^受け持つ
る相談や苦情を共有し、問題や課題が出た場合は、
　　　　　　　　　　　　　　　^等
解決策を議論する場とする。私は会場の確保や日
程等の各種調整を行うと共に、会議では司会を務
　　　　　^等　^担　　　　　　　　　^役
めて各人に発言を促す等、活発な議論ができるよ
う配慮する。さらに、日頃から積極的に挨拶や声
がけを~~行い、普段から~~相談や連携のしやすい雰囲
　　　^励　^し
気作りに努める。

　以上の取組みで、適切に連携して仕事が進められ
るようになる。~~ことに加え、~~共に働くモチベーショ
　　　　　　　　^て

ンが向上し、円滑な相談対応や業務運営が可能とな
る。

2. ノウハウ継承の仕組みの構築

　事例では、ベテラン職員の業務ノウハウが継承さ
れず、仕事に支障を来たしている。職員の知識や経
験を蓄積・継承する体制整備が求められている。

　そこで私は、定期的な勉強会の開催をD代理に提
案する。勉強会ではJ主任をはじめとしたベテラン
職員に交替で講師を依頼し、新制度や公害規制に関
する講義をしてもらう。この勉強会には基本的に経
験の浅い調整担当職員が参加することとし、公害規
制に関する知識の蓄積を目的とする。また、勉強会
の中で受講者からベテラン職員に相談できる時間を
設け、実際の相談対応におけるアドバイスを受ける
場とする。私は勉強会開催前にヒアリングを行い、
資料準備の補助や質問事項の取りまとめを行い、効
率的かつ効果的な勉強会の運営に貢献する。

　以上の取組みで、経験豊富な職員のノウハウを共
有できるようになり、組織力が向上する。このこと
が都民サービス向上にも繋がる。

3. 広報の拡充

　事例では事業場に対する広報が不足していること
で、苦情が多発している。都民への新制度の理解促
進のため、広報の拡充が必要である。

　そこで私は、広報担当として都民に対し、新制度

の説明用のＨＰを作成する。~~ＨＰ作成の際はまず、~~
事業所に寄せられた問合せや苦情の内容を整理す
る。~~それ~~(の結果)を基にＨＰの原案を作成し、Ｄ代理、Ｇ代
理及びＪ主任にそれぞれ確認を依頼する。~~なおＨＰ~~
は分かり易さを重視し、図を多用したりＱ＆Ａ方式
~~に~~(を導入)したり~~する~~等工夫する。~~さらに、~~相談を受けた事
業場を対象に、アンケートを実施し、その結果をＨ
Ｐに随時反映し~~ていく~~(する)ことで、都民目線の広報がで
きるよう目指していく。~~また、~~(さらに)アンケート結果を参
考に相談対応や接遇についても改善していく。

　以上の取組みで、分かり易い広報が実現され、都
民の新制度に対する理解を促進させることに繋が
る。

4.　職場の課題解決に向けて
　私は事例の職場において、上記のことに~~積極的に~~(全力で)
取組み、都民から信頼される都政を目指し誠心誠意
(の実現に)
努めていく。

論 文 添 削 票

採点のポイント						
問題意識	問題（理想と現実のギャップ）を理解しているか	(10)	8	6	4	2
	問題の背景をとらえているか	(10)	8	6	4	2
	問題の原因を的確にとらえているか	10	(8)	6	4	2
	問題点と解決策の整合性はあるか	10	(8)	6	4	2
論理性	問題解決の実証性はあるか	10	(8)	6	4	2
	解決策は現実的、具体的か	10	(8)	6	4	2
表現力	文章は分かりやすいか	10	(8)	6	4	2
	誤字や脱字等のミスはないか	10	(8)	6	4	2
積極性	主任職の立場から論じているか	(10)	8	6	4	2
	自ら解決する意気込みが感じられるか	(10)	8	6	4	2

得点　88　点	極めて優秀 90点以上	ほぼ合格圏 70～89点（○）	もう一工夫が必要 50～69点	相当の努力が必要 50点未満

講評

良く書けています。

特に、

① 同じ言葉や表現の繰り返し

② 不必要な言葉

③ 文のつながり

に注意して精査し、完成論文に仕上げてください。

頑張ってください。

書き直し

主任級職選考 AI 類、AII 類 共通論文　練習問題 1
合格者が書いた論文［論文例 1-1］

94点

> **課題**
>
> （1）　設問の職場において、都民への新制度の理解促進を進めていくため、組織全体で対応する上での課題について、簡潔に述べてください。
> （300 字以上 500 字程度）

（1）

　設問の職場において、都民の新制度に対する理解促進に向け、組織全体で対応する~~上での~~課題は以下の 3 点である。
<small>べき</small>

　第 1 に、組織内での連携が不十分な点である。事
<small>足している</small>
例では J 主任が相談に乗ってくれない等、組織の縦割意識が強く連携して業務を進められていない。また、連携不足が原因で特定の人に仕事が集中し、超過勤務が常態化している。このままでは事業場からの相談を円滑に処理することは難しい。

　第 2 に、ノウハウ継承の仕組みが~~不十分な点であ~~
<small>確立されていない</small>
る。今年度の調整担当は A 代理以外全て業務未経験者であるが、ベテラン職員のスキルを引継ぐ機会がなく、対応に苦慮している様子が伺え~~る。このこと~~
<small>∧</small>
~~が都民からの苦情に繋がっている。~~このままでは貴重なノウハウが失われ、組織力が低下する恐れがある。

・課題は良く書けています。

・課題がすべて「不十分な点」となっているので工夫してください。

第3に、新制度に関する広報が不十分な点である。来年度からの新制度に向け、事業場からの相談件数の増加に比例して、説明が分かりづらい等の苦情も多発している状況である。このままでは、新制度に対する都民の理解を得られず、業務が停滞する可能性がある。

課題解決

(2) (1) で述べた課題に対して、今後、あなたはどのように課題解決に
向けて取り組んでいくべきか、主任に期待される役割を踏まえ、具体
的に述べてください。　　　　　　　（1,200 字以上 1,500 字程度）

（2）

　設問の職場の課題解決に向け、私は主任として以
下の3点に取組む。

1.　事業所内での連携強化

　業務を円滑に進めていくためには、担当の縦割意
識を無くし、組織全体として連携しながら対応して
いく必要がある。

　そこで私は、事業所内会議の開催をD代理に提案
する。会議では、経験の浅い調整担当だけでは増加
する相談への対応が難しいことを報告し、環境改善
担当にも協力を依頼する。また、各自が受け持つ相
談や苦情を共有し、課題等が出た場合は、解決策を
議論する場とする。私は会場の確保や日程の調整等
を担うと共に、会議では司会役を務めて各人に発言
を促す等、活発な議論ができるよう配慮する。さら
に、日頃から積極的に挨拶や声がけを励行し、相談
や連携のしやすい雰囲気作りに努める。

　以上の取組で、適切に連携して仕事が進められる
ようになる。加えて、共に働くモチベーションが向
上し、円滑な相談対応や業務処理が可能となる。

2. ノウハウ継承の仕組みの構築
（体制）

　事例では、ベテラン職員のノウハウが継承されていないため、仕事に支障を来たしている。豊富な知識や経験を蓄積・継承する体制の整備が求められる。

　そこで私は、定期的な勉強会の開催をD代理に提案する。勉強会では、J主任をはじめとしたベテラン職員に交代で講師を依頼し、新制度や公害規制に関する講義をお願いする。経験の浅い調整担当職員（依頼）には参加を求め、公害規制に関する知識の蓄積を図（必要な）る。また、別途、受講者からベテラン職員に相談できる時間を設け、実務におけるアドバイスも受けられるようにする。私は勉強会開催前にヒアリングを行うと共に、資料準備の補助や質問事項の取りまと（い）め役を積極的に担い、効率的かつ効果的な勉強会の運営に貢献する。

　以上の取組で、経験豊富な職員のノウハウを共有できるようになり、組織力が向上する。ひいては都民サービスの向上にも繋がる。（っていく）

3. 広報の拡充
（活動の強化）

　事例では、事業場に対する広報が不足しているた（関）め、苦情が多発している。都民の新制度に対する理解促進のため、広報の拡充が不可欠である。（強化）

　そこで私は、広報担当として、新制度説明用のＨＰを作成する。まず、事業所に寄せられた問合せや苦情の内容を分析・整理する。その結果を基に（∧等）

・できるだけ課題と同じ表現を使わないよう工夫してください。(1.2.3 も同様)

AI, AII 類共通

ＨＰの原案を作成し、Ｄ代理、Ｇ代理及びＪ主任に
それぞれ確認を依頼する。ＨＰは分かりやすさを重
視し、図を多用したりＱ＆Ａ方式を導入したりする
等の工夫を図る。また、相談を受けた事業場を対象
に、アンケートを実施し、その結果をＨＰに随時反
映することで、都民目線の広報を目指していく。さ
らに、アンケート結果を参考に相談対応や接遇につ
いても改善を図っていく。

　以上の取組で分かりやすい広報が実現され、都民
の新制度に対する理解を促進させることに繋がる。

4.　職場の課題解決に向けて

　私は事例の職場において、上記のことに全力で取
り組み、都民から信頼される都政の実現に誠心誠意
努めていく。

論 文 添 削 票

採点のポイント						
問題意識	問題（理想と現実のギャップ）を理解しているか	(10)	8	6	4	2
	問題の背景をとらえているか	(10)	8	6	4	2
	問題の原因を的確にとらえているか	10	(8)	6	4	2
	問題点と解決策の整合性はあるか	10	(8)	6	4	2
論理性	問題解決の実証性はあるか	10	(8)	6	4	2
	解決策は現実的、具体的か	10	(8)	6	4	2
表現力	文章は分かりやすいか	10	(8)	6	4	2
	誤字や脱字等のミスはないか	10	(8)	6	4	2
積極性	主任職の立場から論じているか	(10)	8	6	4	2
	自ら解決する意気込みが感じられるか	(10)	8	6	4	2

得点 94 点	極めて優秀 90点以上 (○)	ほぼ合格圏 70～89点	もう一工夫が必要 50～69点	相当の努力が必要 50点未満

講評

良く書けています。

この調子で完成論文にまで仕上げてください。

頑張ってください。

主任級職選考 AI 類、AII 類 共通論文　練習問題 1

合格者が書いた論文 ［論文例 1-2］

80点

課題

（1）　設問の職場において、都民への新制度の理解促進を進めていくため、組織全体で対応する上での課題について、簡潔に述べてください。

（300 字以上 500 字程度）

（1）

　本事例において、都民への新制度への理解促進を進めていくため、組織全体で対応する上での課題について示す。

・「促進を進める」という表現は如何でしょうか。

　第一に、調整担当と環境改善担当の連携である。J 主任が「新制度に向けての相談は調整担当の仕事」と言ったことや、相談できない環境であることが F 主事より語られている。各職員が事業所全体の課題を理解していないことや事業所内でのコミュニケーションが不足していることが原因である。組織全体で業務を行っていく上で改善が必要である。

※解決策の表現になっているので工夫してください。

　第二に、相談対応の検討・改善である。資料３によれば、相談件数が昨年に比べ２０件以上増えている。さらに、相談者から説明がわかりづらいとの苦情が多発している。新制度に向けての説明と相談の対応が十分にできていない。このままでは都民の信頼低下につながりかねない。

第三に、F主事の育成の充実である。資料2・4

体制が整っていない点

から、採用された3ヶ月間でF主事の超過勤務が増

より　　　　　　から　　　　　　にもかかわらず

え、そいることや相談できずに不満を漏らしている

ことがわかる。F主事がこのまま一人で抱え込む状

況が続くと、業務に支障をきたし、フォローする周

りの職員の負担にもつながる。

・同じ言葉や表現をできるだけ使わないようにしましょう。

課題解決

(2)　(1) で述べた課題に対して、今後、あなたはどのように課題解決に
　　向けて取り組んでいくべきか、主任に期待される役割を踏まえ、具体
　　的に述べてください。　　　　　　　　（1,200 字以上 1,500 字程度）

（２）

　前述の課題を踏まえ、以下の取り組みを行う。
　　　　　　　　　　　　　　　　　　　進める

1　担当間の連携体制の構築

　まず私は、調整担当と環境改善担当合同の会議を
定期的に開催するようＤ課長代理に提案する。会議
では、担当業務の状況報告や意見交換を行い、所内
の状況と課題を理解する。課題や懸案事項の解決策
　　　　　　　　∧次に、
を話し合う機会を設ける。私は、両担当の主任とと
もに会議の進行役を務め、出席者全体が均等に発言
　　　　　　　　　　　　　　　　員
できるように進める。
　　　配慮する
　また、ベテラン職員を講師として勉強会や研修を
行う。事業所での課題、住民への対応などを議題と
して、事業所全体で検討を行う。これにより、職員
の資質向上を図り、ノウハウの継承も可能となる。
　　　　　や　　　　　　　　　　が
さらに私は、主任として日頃から挨拶をかかさず行
　　　　　　　　　　　　　　　　　励
い、会議で積極的に発言する。職員間のパイプ役と
　　∧もするとともに　　　　し、
してコミュニケーションが円滑になるよう職場環境
を整える。以上の取り組みにより、積極的に職員同士が
連携、協力し、組織として課題に取り組む職場作り
を進めることができる。

2　相談対応の業務改善

　まず私は、D課長代理に相談対応のマニュアル作成を提案する。具体的には、過去に業務処理を行ってきたベテラン職員や水質関係の指導担当のJ主任に協力を依頼し、新制度のポイントをまとめる。そのときに都民の目線にたち、難しい専門用語は注釈をつけるなどわかりやすい説明になるよう配慮する。前述の調整担当と環境改善担当合同の会議の際に検討し、全職員の意見を取り入れながら作成する。完成したマニュアルは、共有フォルダに保存・共存し、職員全員が同じ説明ができるようにする。また、相談を受けた際には、日時・氏名・相談内容や対応をフォーマットに記載し、共有フォルダに保存するように周知する。この記録をまとめて、Q＆Aを作成する。これをもとにD課長代理に相談の上でマニュアルの改善もしていく。さらに私は広報として新制度の内容とQ＆Aを記載したパンフレットやチラシを作成する。これも全職員の意見を取り入れながら作成し、配布やホームページで掲載する。要望があれば、事業場を訪問して新制度の説明会開催も検討する。以上の取り組みにより都民への新制度への理解促進を促進することができる。

3　F主事の育成の充実

　まず私は、F主事の相談対応に可能な範囲で同席して相談者に対応する。この中で、具体的な課題を

・同じ言葉の繰り返しになっています

把握する。F主事と話し合う時間を確保し、<del>F主事</del>
次に、
<del>の意見などを確認し、</del>本人の考えを十分聞きながら
指導やアドバイスを行う。また、業務の進捗状況を
こまめに確認し、遅れや漏れがある場合は修正を行
う。もっとも、過度な支援はF主事の意欲を削ぐ恐
指示する
れがある。<del>そこで、</del>先回りしてサポートするのでは
ため
なく、<del>解決の</del>ために参考となる資料を教えるなど、
後ろからサポートする姿勢を持つことでモチベー
保
ションを喚起する。さらに、D課長代理にもF主事
の様子を適宜報告すると同時に、今後、D課長代理
や他の職員からもF主事に情報提供や助言をしても
らうよう依頼をし、組織としてF主事の育成ができ
る体制を整える。以上の取り組みにより、若手職員
の早期育成し,組織の円滑な運営が可能となる。

・意見と考えに大きな違いがあるのでしょうか。

・第1、第2、第3の解決策の文字数のバランスが悪いので調整してください。

論 文 添 削 票

採点のポイント						
問題意識	問題（理想と現実のギャップ）を理解しているか	10	(8)	6	4	2
	問題の背景をとらえているか	10	(8)	6	4	2
	問題の原因を的確にとらえているか	10	(8)	6	4	2
	問題点と解決策の整合性はあるか	10	(8)	6	4	2
論理性	問題解決の実証性はあるか	10	(8)	6	4	2
	解決策は現実的、具体的か	10	(8)	6	4	2
表現力	文章は分かりやすいか	10	(8)	6	4	2
	誤字や脱字等のミスはないか	10	(8)	6	4	2
積極性	主任職の立場から論じているか	10	(8)	6	4	2
	自ら解決する意気込みが感じられるか	10	(8)	6	4	2

得点 80 点	極めて優秀 90点以上	ほぼ合格圏 70～89点 （○）	もう一工夫が必要 50～69点	相当の努力が必要 50点未満

講評

概ね書けていると思います。

特に、

1　主語と述語の対応

2　全体として文章が流れているか、きちんとつながっているか

3　課題と解決策はきちんと対応しているか、解決策にダブリはないか

4　同じ言葉や表現を繰り返していないか、不必要な表現はないか

等の点に注意して再度見直してください

頑張ってください。

主任級職選考 AI 類、AII 類 共通論文　練習問題 1
合格者が書いた論文［論文例 1-2］
88 点

課題

（1）　設問の職場において、都民への新制度の理解促進を進めていくため、組織全体で対応する上での課題について、簡潔に述べてください。
（300 字以上 500 字程度）

（1）

　本事例において、都民への新制度への理解促進を進めていくため、組織全体で対応する上での課題は~~図っ~~以下の3点である。

　第一に、調整担当と環境改善担当との連携不足である。J主任の「新制度に向けての相談は調整担当の仕事」という発言があったり、F主事が相談できない環境であると語ったりしている。各職員が事業所全体の課題を理解しておらず、また、事業所内でコミュニケーションが不足していることが~~原因である~~（に起因してい）る。組織全体で仕事を進めていく上で~~業務改善~~（は十分な連携）が必要である。

　第二に、相談対応の検討・改善が不十分な点である。資料3によれば、相談件数が昨年度に比べ20件以上増え、相談者から説明がわかりづらいとの苦情も多発している。新制度に向け~~その~~（開始）説明と相談対応が十分でき~~ておらず~~（た）、このままでは都民の信頼低

【質問】：都民への新制度への〜の文は問題文からの抜き出しです。
　前回訂正してくださいましたが、試験の際も抜き出さないほうがいいのでしょうか？

【回答】：あって良いと思います。

・主題に合わせた方が良いです。

下につながりかねない。

　第三にF主事の育成体制が整っていない点である。資料2・4より、採用から三ヶ月間にも関わらず~~F主事の~~超過勤務が増え、相談できず不満を漏らしていることがわかる。_{F主事は∧}F主事がこのまま_{∧も}一人で抱え込む状況が増えると業務に支障をきたし、フォ_{∧仕事を}ローする周りの職員の負担にもつながる。

58

課題解決

(2)　(1)で述べた課題に対して、今後、あなたはどのように課題解決に
向けて取り組んでいくべきか、主任に期待される役割を踏まえ、具体
的に述べてください。　　　　　　　　（1,200字以上1,500字程度）

（2）

　前述の課題を踏まえ、以下の取り組みを進める。

1　担当間の連携体制の構築

　まず私は、調整担当と環境改善担当合同の会議を
定期的に開催するようD課長代理に提案する。会議
では、担当業務の状況報告や意見交換を行い、所内
の状況と課題を理解する。次に、課題や懸案事項の
　　　　　　　　把握
解決策を話し合う機会を設ける。私は両担当の主任
とともに会議の進行役を務め、発言しやすい雰囲気
をつくるとともに、出席者全員が均等に意見できる
　　　　　　　　　　　　　　　　発言
よう配慮する。

　また、ベテラン職員を講師として勉強会や研修を
行う。事業所内での課題、住民対応などを議題とし
開催し、
て、事業所全体で検討を行う。これにより、職員の
　　全員
資質向上やノウハウの継承が可能となる。さらに私
　　　　　　　　　　　図られ、一層の連携が
は、主任として日頃から挨拶を励行するとともに会
議で積極的に発言し、職員間のパイプ役としてコ
ミュニケーションが円滑になるよう職場環境を整え
る。以上の取り組みにより、職員同士が積極的に連
携、協力し、組織として課題に取り組む職場作りを
進めることができる。

2　相談対応業務の改善

まず私は、D課長代理に相談対応のマニュアル_{統一的な}の（に向けて）
作成を提案する。具体的には、過去に業務処理を担っ
てきたベテラン職員や水質関係の指導担当のＪ主任
に協力を依頼し、新制度のポイントをまとめる。そ
の後、都民目線に立ち、難しい専門用語は注釈をつ
けるなどわかりやすい説明となるよう_際に配慮する。
前述の合同会議においても検討を加え、全職員の
意見を取り入れながら作成する。完成したマニュア
_{同意を得}
ルは共有フォルダに保存し、職員全員が同じ説明を
_{について}
できるようにする。また、相談を受けた際は、相談
内容や対応等をフォーマットに記録し、共有フォル
ダに保存するよう周知を図る。記録については整理
してQ＆A集を作成し、課長代理に相談した上でマ
ニュアルの改善につなげていく。さらに、私は全職
員の意見も取り入れながら新制度の内容とQ＆Aを
_{も反映しつつ}
記載したパンフレットやチラシを作成し、窓口での
_等
配布やホームページへの掲載を進める。要望があれ
ば事業場における説明会開催も検討する。以上の取
り組みにより、都民の新制度への理解を促進するこ
とができる。

3　Ｆ主事の育成体制の構築

まず私は、Ｆ主事へ_{若手職員の早期}の育成体制強化をD課長代理
に提案する。具体的には、Ｆ主事の相談対応に可能
な範囲で同席し、現状の課題を把握する。その後、

・課題の裏返しの表現になっているので、工夫してください。

・同じ表現が前にもあるので、工夫してください。

・課題の裏返しの表現となっているので工夫してください。
・「体制の構築」は１でも使っています。

AI, AII 類共通

F主事と話し合う時間を確保し、本人の考えを十分聞きながら指導やアドバイスを行う。次に、業務の進捗状況をこまめに確認し、遅れや漏れがある場合は修正を指示する。また、D課長代理に相談の上、若手職員向けの研修を積極的に受講するよう促す。もっとも、過度な支援はF主事の意欲を削ぐ恐れがあるため、解決のために参考となる資料を提示するなど、後からサポートする姿勢を保つことでモチベーションを喚起し、仕事に対する課題解決能力の向上を図っていく。

　さらに、D課長代理にもF主事の状況を適宜報告すると同時に、今後、課長代理や他の職員からもF主事に情報提供や助言を行ってもらうよう依頼し、組織としてF主事への育成ができる体制を整える。以上の取り組みにより、若手職員の早期育成、組織の円滑な運営が可能となる。

論 文 添 削 票

採点のポイント							
問題意識	問題（理想と現実のギャップ）を理解しているか	⑩	8	6	4	2
	問題の背景をとらえているか	⑩	8	6	4	2
	問題の原因を的確にとらえているか	10	⑧	6	4	2
	問題点と解決策の整合性はあるか	10	⑧	6	4	2
論理性	問題解決の実証性はあるか	10	⑧	6	4	2
	解決策は現実的、具体的か	10	⑧	6	4	2
表現力	文章は分かりやすいか	10	⑧	6	4	2
	誤字や脱字等のミスはないか	10	⑧	6	4	2
積極性	主任職の立場から論じているか	⑩	8	6	4	2
	自ら解決する意気込みが感じられるか	⑩	8	6	4	2

AI, AII 類共通

得点 **88** 点	極めて優秀 90点以上	ほぼ合格圏 70〜89点	もう一工夫が必要 50〜69点	相当の努力が必要 50点未満

講評

　良く書けています。

　さらに細部を精査してレベルアップし、完成論文に仕上げてください。

　頑張ってください。

主任級職選考 AI 類、AII 類 共通論文　練習問題 1
合格者が書いた論文 ［論文例 1-3］　74点

課題

（1）　設問の職場において、都民への新制度の理解促進を進めていくため、組織全体で対応する上での課題について、簡潔に述べてください。　　　　　　　　　　　　　　　　　（300 字以上 500 字程度）

（1）

　設問の職場において、都民への新制度への理解<u>促進を進めていく</u>ため、組織全体で対応する上での課題は、主に以下の三点である。

　第一に、相談体制の強化である。来年 4 月に水質規制の新制度が創設されるため、資料 3 のとおり相談件数が急増しており、7 月時点で既に前年度の相談件数を上回っている。また、新制度の説明がわかりづらい等の苦情も多発している。このままでは、都民の新制度への理解が促進されないため、相談体制を強化する必要がある。

　第二に、組織間の連携である。本文より、水質関係の指導担当の J 主任は、新制度は調整担当の仕事だと言って相談にも乗らない。また、資料 4 によれば、調整担当の私と F 主事の超過勤務時間は、上記の相談件数の増加に伴い、6 月から約 2 倍に急増している。一方、環境改善担当の J 主任の超過

・促進を進めるとは言いません

・課題ではなく解決策の表現となっているので注意してください。

（欄外書き込み）
図る
弱体
不足
である
ま
である

63

勤務時間は変わらず、繁閑に大きな差が生じている。
組織全体で相談対応の業務改善を進めるため、縦割
りを超えて～組織間で連携する必要がある。

　第三に、Ｆ主事へのフォロー体制の構築である。
資料２によれば、事業場からの苦情対応等について、
Ｆ主事はチューターである私に不満を漏らしてい
る。このような不満が蓄積すれば、Ｆ主事の士気の
低下や心身の不調に繋がりかねず、フォロー体制を
構築する必要がある。

が不十分なこと

早急に

・第１、第２、第３の課
題の文字数が少しアン
バランスなので調整し
てください。

AⅠ、AⅡ類共通

課題解決

(2) (1) で述べた課題に対して、今後、あなたはどのように課題解決に
向けて取り組んでいくべきか、主任に期待される役割を踏まえ、具体
的に述べてください。　　　　　　（1,200 字以上 1,500 字程度）

（2）

　（1）で述べた課題を解決するため、私は主任と
して以下三点の取り組みを行う。

1　相談体制の強化
　都民への新制度の理解促進を進めていくため、説
明の機会を設け、わかりやすく、丁寧に説明してい
く必要がある。

　そこで私は、都民への新制度の広報を充実させ、
相談にも適切に対応できる体制を構築していく。ま
ず、事業場の担当者を対象にした新制度の説明会の
開催をD課長代理に提案する。説明会の開催につい
ては、各事業場に案内文を郵送で送付するほか、事
業所内の掲示板やHP上でも周知する。説明は、ベ
テランのD課長代理に依頼し、私は主任として、会
場の確保、日程調整、資料の作成を行う。説明会では、
出席者にアンケート用紙を配付し、新制度の説明に
ついて疑問点や不満に思う点について回答してもら
う。また、質問も受けつける。次に、事業場が疑問
や不満に思う点で、特に回答が多いものについてQ
＆A集を作成する。Q＆A集は、リーフレットとし
て事業所内で配付するほかHP上にも掲載する。調

（欄外の注記）
・課題の裏返しの表現と
なっているので工夫し
てください。

・同じ表現の繰り返しに
なっているので注意し
てください。

（手書きの添削）
述べた課題を解決する → の／の／に／む
適切な　対応
進めていくため → 図る
相談にも適切に → に対する
で送付する → あたって
各事業場に案内文を → 参加に漏れがないよう
私は主任として、会 → について
資料の作成を行う → 自ら進んで
説明に → 等
回答してもらう → を求めるとともに
疑問点 → 点
点で、特に回答 → こと
多いものについて → 項目
Q＆A集は、リーフレット → については、
HP上にも掲載する → に
調 → し、

整担当の職員は、このＱ＆Ａ集を元に事業場からの
相談に適切に対応することができる。

　こうした取り組みにより、事業場への相談体制を
強化七、新制度への理解促進が進んでいくことが期
待される。

2　組織間の連携
　組織全体で、都民の新制度への理解促進を進めて
いくため、新制度の相談を組織全体の課題として位
置づけ、縦割りの意識を是正する必要がある。

　そこで私は、調整担当と環境改善担当とが連携し
て相談に対応できる体制を構築していく。まず、調
整担当と環境改善担当との合同会議の実施をＤ課長
代理、Ｇ課長代理に提案する。会議は、週の初めに
開催し、主に前の週の新制度の相談内容や件数、今
後の対応について話し合う場とする。出席者は、調
整担当からは全職員、環境改善担当からは、Ｇ課長
代理とＪ主任とする。Ｇ課長代理、Ｊ主任からは、
水質規制を担当する側からの意見を述べてもらうよ
う依頼する。私は、会議時の資料作成、司会進行、
議事録の作成を行う。また、Ｊ主任を講師とする、
水質規制についての研修を実施し、調整担当職員の
知識の底上げを図る。さらに、事業場からの相談の
うち、専門的な内容に対応できるよう、Ｊ主任へ調
整担当の相談業務に応援してもらうよう、Ｄ課長代
理を通じて、事業所長、Ｇ課長代理へ依頼する。

・課題の裏返しの表現となっています

・同じ言葉の繰り返しになっています

AI, AII 類共通

こうした取り組みにより、縦割りの意識を是正し、組織全体で連携して、新制度の相談に対応できる体制を構築していく。

3　F主事へのフォロー体制の構築
新人職員の育成体制の充実

　F主事は、民間企業での社会人経験がなく仕事上でのストレスに不慣れである。また、チューターである私も新制度への相談の検討により、指導の機会が減少する恐れがある。
に係る　　　　　時間を取られ

・課題の裏返しの表現となっています。

　そこで私は、組織全体でF主事をフォローできる体制を構築していく。まず、チューターである私が、毎日終業前にF主事から業務報告を受ける。内容は、その日の業務の進捗や不安、不満に思っている点等とし、遠慮せず率直に意見を述べるよう依頼する。
の報告を受け　　　　　　　　　　　指示

また、私以外のD課長代理、E主任へも気兼ねなく質問、相談をするように伝え、両者には私からF主事の指導に協力してもらうよう依頼する。F主事の能力、知識や経験の習得状況を把握できる育成計画表を作成し、担当内でTAIMSの共有フォルダにより、誰もが閲覧できるようにすることで、F主事の現状に合ったきめ細かい指導ができる。さらに、ランチ会等のインフォーマルなコミュニケーションにより風通しのよい雰囲気を醸成する。
ノウハウ　　一方、　　　　で　　　　　ようにする
挨拶や声掛けは日常的な

　こうした取り組みにより、F主事の不安を柔らげ、組織全体のフォロー体制を構築する。

　以上三点の取り組みにより、都民への新制度への
で　　　できる

理解促進を進めていく。

図っ

論 文 添 削 票

採点のポイント						
問題意識	問題（理想と現実のギャップ）を理解しているか	10	[8]	6	4	2
	問題の背景をとらえているか	10	[8]	6	4	2
	問題の原因を的確にとらえているか	10	8	[6]	4	2
	問題点と解決策の整合性はあるか	10	[8]	6	4	2
論理性	問題解決の実証性はあるか	10	[8]	6	4	2
	解決策は現実的、具体的か	10	8	[6]	4	2
表現力	文章は分かりやすいか	10	8	[6]	4	2
	誤字や脱字等のミスはないか	10	[8]	6	4	2
積極性	主任職の立場から論じているか	10	[8]	6	4	2
	自ら解決する意気込みが感じられるか	10	[8]	6	4	2

得点 74 点	極めて優秀 90点以上	ほぼ合格圏 ○ 70～89点	もう一工夫が必要 50～69点	相当の努力が必要 50点未満

講評

基本的なことはできていると思います。

不必要な表現や繰り返しの言葉に注意して、精度を高めてください。

頑張ってください。

主任級職選考 AI 類、AII 類 共通論文　練習問題 1

合格者が書いた論文 ［論文例 1-4］ 80点

課題

（1）　設問の職場において、都民への新制度の理解促進を進めていくため、組織全体で対応する上での課題について、簡潔に述べてください。

（300 字以上 500 字程度）

（1）

設問の職場において、都民への新制度の理解促進を進めていくために、組織全体で対応する上で、以下3点の課題がある。

第一に、所内のチームワークが不十分~~である~~ことである。

事例によれば、現行制度に~~習熟~~している J 主任と F 主事のコミュニケーションがうまくとれていない。また、資料3によれば、相談件数~~の増加は最近のことではなく~~2年ほど前から~~その傾向がある~~。職場として連携して業務に取り組む体制が整っていなければ、都民の負託に十分に応えることはできない。

第二に、ノウハウ継承の仕組みがないことである。

事例によれば、ベテラン職員が減少し、十分な相談対応ができていない~~ことが~~事業場からの苦情が増えている~~一因である~~。D 課長代理からも新制度対応について~~ノウハウの継承の~~方策を検討するように指

示が出されている。習熟された職員の知識継承が円
滑に進まなければ、組織での職務の質が低下してし
まう。

（制度に精通した）（スキル）

第三に、Ｆ主事への組織的なフォローが不足して
いることである。

事例によれば、Ｆ主事は新規採用職員であり、組織
全体で育成していくべきである。しかし、Ｊ主任が
指導に協力的でないこともあり、組織として若手職
員を育成する環境が整っていない。制度改正が近づ
く中で、組織的なＦ主事の育成が急務である。

課題解決

(2) (1)で述べた課題に対して、今後、あなたはどのように課題解決に向けて取り組んでいくべきか、主任に期待される役割を踏まえ、具体的に述べてください。　　　　　　(1,200字以上1,500字程度)

（2）

　私は(1)で述べた課題を解決するために、主任として以下の取組を進めていく。

1　チームで仕事をする機運の醸成
　C事業所では、新制度改正に向け事業場からの相談や苦情が増えているにも関わらず、所内で協力していこうとする様子が見られない。
　そこで私は、業務遂行所内で協力できるように職員間の仲介役となる。
　具体的にはまず、苦情が多発していることなどの事業所の状況について資料にまとめる。加えて、業務の状況についてF主事やJ主任から個別に意見を聴き、集約して資料に追加する。対処法として朝会などの所内でコミュニケーションを取る機会を増やすことも提案として盛り込む。これを基に、D課長代理に所内の活性化が不可欠であることを説明し、続いてC事業所長にも報告する。そして、定期的な意見交換を図るため、週1回30分程度のショートミーティングの開催を提案する。会議では、業務の進捗や事業場からの苦情の内容について全員で共有する。私は司会を務め、活発な議論がなされるよう

AI　AII類共通

・朝会とショートミーティングの違いは何ですか。

に尽力する。

　また、日頃から積極的に挨拶や声がけを励行し、明るく話しやすい職場の雰囲気を醸成する。

　~~さらにランチ会を定期的に主催し、インフォーマルなコミュニケーションを活性化させる。~~

　これらの取組により、職員間のチームワークが強固になり、所内の連携を進めていく~~進めていく~~土壌が醸成される。

<small>深　　　　　る</small>

2　業務マニュアルの作成

　C事業所では、ベテラン職員が減少しているにも関わらず、職員のノウハウを適切に若手職員に継承することができていない。
<small>そ</small>

　そこで私は、業務マニュアルの作成を行う。具体的には、まず、昨年度から在籍しているE主任に協力を要請し、業務の基本的な部分をまとめたマニュアルの骨格を作成する。次に、ベテラン職員にも内容を確認してもらう。特に、ポイントとなる部分や専門的でわかりにくい部分等について明快な追記してもらうように依頼する。依頼にあたっては、D課長代理を通じてG課長代理に協力の相談を行う。私は、マニュアルの体裁、記載内容のニュアンスの統一や~~目次作成~~による見易さの向上に取り組む。また、事業場からの苦情についても参考資料として追加することで、都民への適切な対応の助けとする。最後にベテランのG課長代理に内容を確認してもらい、

<small>提案する</small>

<small>のほか</small>

<small>を</small>

<small>の工夫</small>

<small>図やグラフの活用</small>

<small>し</small>

<small>をお願いし</small>

<small>・論文ではインフォーマルな部分は必要ないと思います。</small>

<small>・第1、第2、第3の課題の文字数を調整してください。</small>

所内で共有する。

　さらに、作成したマニュアルは定期的に更新することで、より実態に即したものとする。

以上の取組により、制度改正に対応した業務マニュアルを作成することができ、所内全体で対応していくことができる。

3　組織的な育成体制の構築

　F主事は新規採用職員であり、業務に対する不満を漏らしていることや、超過勤務が増加傾向にあったりするなど、業務を自分一人で円滑に進めることができていない。

　そこで、所内全体で協力してF主事を育成していく。

　具体的には、OJT体制の強化を行う制度に詳しいJ主任に対して、G課長代理を通じ前述のマニュアル作成を通した、F主事に新制度のポイントについて説明してもらうよう依頼する。説明時には私も同席し、F主事とJ主任の会話が進むようファシリテーターする。また、他のベテラン職員にもF主事が困っていたら私に教えてほしいことを伝える。状況に応じて私がF主事と一緒に質問をしに行き、疑問点がスムーズに解消できるようにする。

　また、進行管理表による業務の進行管理をF主事に行わせる。進行管理表は私の分を作成し、それを見本にF主事自らの業務を落とし込んで作成するよ

うに指導する。Ｆ主事の進行管理表はＤ課長代理とも共有し、業務が滞っているようであれば、フォロー体制を検討するなどＦ主事が円滑に業務をこなし成功体験を積むことができるようにする。

これらの取組により、所内全体で新規採用職員を育成していくことが可能となり、それを契機に各職員が一体となり業務を進めていくことができる。

論 文 添 削 票

採点のポイント						
問題意識	問題（理想と現実のギャップ）を理解しているか	10	⑧	6	4	2
	問題の背景をとらえているか	10	⑧	6	4	2
	問題の原因を的確にとらえているか	10	⑧	6	4	2
	問題点と解決策の整合性はあるか	10	⑧	6	4	2
論理性	問題解決の実証性はあるか	10	⑧	6	4	2
	解決策は現実的、具体的か	10	⑧	6	4	2
表現力	文章は分かりやすいか	10	⑧	6	4	2
	誤字や脱字等のミスはないか	10	⑧	6	4	2
積極性	主任職の立場から論じているか	10	⑧	6	4	2
	自ら解決する意気込みが感じられるか	10	⑧	6	4	2

AI, AII類共通

得点	**80** 点	極めて優秀 90点以上	ほぼ合格圏 70〜89点	もう一工夫 が必要 50〜69点	相当の努力 が必要 50点未満

講評

　良く書けています。

　特に、同じ言葉や表現の繰り返し、不必要な言葉に注意して精査を繰り返してください。

　頑張ってください。

主任級職選考 AI 類、AII 類 共通論文　練習問題 1
合格者が書いた論文 ［論文例 1-5］
88 点

（1）　設問の職場において、都民への新制度の理解促進を進めていくため、組織全体で対応する上での課題について、簡潔に述べてください。
（300 字以上 500 字程度）

（1）

　設問の職場において、都民の新制度への理解を促進していくため、組織全体で対応すべき課題は以下の 3 点である。

　第一に、新制度の理解が得られておらず、事業場から不信感を招いていることである。資料 2 より、新制度の説明が分かりにくいため苦情が多発していることが指摘できる。このままではさらに事業場からの信頼が失われる。
てしまう

　第二に、事業所内の業務が円滑に進行していないことである。ベテラン職員が減少し、かつ資料 3 より事業場からの相談件数が増加している中、新制度開始に向けその相談にベテランの J 主任の協力が十分得られていない。このままでは、来年 4 月の新制度開始に必要な業務が間に合わなくなる。
資料 3 より、
にも関わらず、
ことが分かる

　第三に、新規採用職員の育成が図れていないことである。通常業務が滞り新たな課題が生じている現

状では、新規採用職員の早期育成体制を整えなけれ
ば、今後組織全体の業務遂行力が悪化し、円滑に業
務を行えなくなる。

課題解決

（2）（1）で述べた課題に対して、今後、あなたはどのように課題解決
に向けて取り組んでいくべきか、主任に期待される役割を踏まえ、具
体的に述べてください。　　　　　　　（1,200字以上1,500字程度）

（2）

　前述の課題に対し、私は主任として積極的に下記
の取り組みを進める。

1　新制度周知の改善

　事業場からの苦情に対応するため、まず私は、寄
せられた相談内容の集計と分類化を提案する。調整
担当の各職員から今までの相談内容の聞き取りを行
い、分類した上で、相談に対応した職員と協力し、
より理解しやすい解答を考案する。次に、頻繁に寄
せられる相談については、Ｑ＆Ａ集として冊子の形
式にまとめ、調整担当内で情報を共有すると共に窓
口に配置し、事業場の担当者の理解を促進する。さ
らに、Ｑ＆Ａ集をＣ事業所のホームページに掲載す
ることをＤ課長代理に提案し、広報担当として本庁
の担当者との連絡調整役を担い、分かりやすい情報
を広範囲に発信することに努める。

　こうした取り組みを通じ、新制度への理解が促進
され、事業場の信頼が回復するとともに公害規制・
指導という組織目標を達成することができる。

2　事業所内の協働体制の確立

　事業所内の協働体制を確立し、新制度への対応業

・つながりますか？

務を円滑に進行させる必要がある。私は相談検討の
担当として、相談対応方針やノウハウ継承策を検討
するため、担当者会議の開催をD課長代理に提案す
る。次に、調整担当職員に対し会議への参加を呼び
かけるとともに、J主任に対しても、公害規制のノ
ウハウが新制度の相談に必要であることの理解を求
め、D課長代理と私から会議への~~参加~~（出席）を依頼する。

　会議では、来年４月の新制度開始までに実施すべ
き業務を洗い出した上で目標を共有するとともに、
全員が見通しを持って業務にあたれるよう、司会役
を務めて交通整理を円滑に進める。また、随時寄せ
られる新制度に~~ついての~~（係る）相談~~内容~~（情報）も共有し、J主任
には経験・知識を活かしたアドバイスを~~依頼し改善~~（求め、）
~~策を検討する~~（していく）。

　こうした取り組みを通じて事業所内の協働体制を
確立し、新制度の準備業務を円滑に~~行う~~（進める）ことができ
る。

３　新規採用職員の早期能力向上

　新規採用職員の能力を早期に向上させ、組織全体
の業務遂行力を高めるため、私はチューターとして
積極的にF主事の育成に取り組む。

　私はF主事に日常的に声かけを行い、悩みを一人
で抱えることがないように注視する。まずF主事が
業務に取り組む際は、~~業務の~~全体像や目的を伝え~~そ~~（きちんと）
~~から取り組ませる~~。次に、~~D課長代理にも協力を依~~

頼し、定めた業務の優先順位や目標、現在の進捗状況を定期的に（D課長代理、私とF主事の3者で）確認し、F主事が自ら考えながら業務を遂行するための支援を行う。

　またF主事が業務で首尾良く処理できたことや苦手とすること等についてもD課長代理に報告し、今後の指導に活かして組織全体で早期にF主事の能力向上を図る。

　こうした取り組みを通じ、若手職員を組織に欠かせない人材に成長させ、組織全体の業務遂行力を向上させることができる。

　私は主任として上記の取り組みを積極的に進めて設問における課題を解決し、一丸となって目標達成のできる組織づくりに貢献したい。

論 文 添 削 票

採点のポイント						
問題意識	問題（理想と現実のギャップ）を理解しているか	(10)	8	6	4	2
	問題の背景をとらえているか	(10)	8	6	4	2
	問題の原因を的確にとらえているか	10	(8)	6	4	2
	問題点と解決策の整合性はあるか	10	(8)	6	4	2
論理性	問題解決の実証性はあるか	10	(8)	6	4	2
	解決策は現実的、具体的か	10	(8)	6	4	2
表現力	文章は分かりやすいか	10	(8)	6	4	2
	誤字や脱字等のミスはないか	10	(8)	6	4	2
積極性	主任職の立場から論じているか	(10)	8	6	4	2
	自ら解決する意気込みが感じられるか	(10)	8	6	4	2

得点 88 点	極めて優秀 90点以上	ほぼ合格圏 70〜89点 ○	もう一工夫が必要 50〜69点	相当の努力が必要 50点未満

講評

良くなりました。

特に、同じ言葉や表現の繰り返しに注意するとともに、不必要な言葉をできるだけ削いで完成論文につなげていってください。

頑張ってください。

【主任級職選考 AI 類、AII 類 共通論文】

練習問題2

・下記の事例と資料を分析し、次の（1）、（2）に分けて述べてください。

　A局のB部に属する、E事業所は、Eスポーツセンターの管理業務を行っている。あなたは、E事業所に、庶務担当の主任として本年4月に配属された。E事業所は、所長以下10人で組織されており、おもな担当業務は組織図のとおりである。スポーツ施設は、来年度から大規模な改修工事が行われる予定で、その準備作業に掛かりきりになり、その他の業務は時間外でこなすこととなり超過勤務が経常化している。

　あなたは、庶務担当のF課長代理から本年度の「Eスポーツ祭」の担当に指名され、スポーツ祭の事業計画を立案するL主事と準備を進める予定でいた。

　7月に区役所や町会、商店会などの団体との調整を行うこととなり、事業計画の内容について、事業担当のL主事に尋ねたところ、「Eスポーツ祭」の準備は、本年1月から進めているものの改修工事の準備作業に手いっぱいで、事業所内の役割分担もあいまいで、イベント内容の検討は遅々として進まず、このままでは、開催に間に合わない可能性が出てきた。先日、区役所の担当課長から「Eスポーツ祭の関係団体との調整があるので至急事業内容を教えてほしい。」旨の連絡があった。

(1)　設問の職場において、事業所内が連携して業務を進めていくことの重要性について、あなたの考えを述べてください。

（300字以上500字程度）

(2)　（1）を踏まえ、上記事例の職場において、あなたは、どのように準備を進め、イベントを予定どおり開催させるか、主任に期待される役割を踏まえ、具体的に述べてください。（1,200字以上1,500字程度）

AI 類、AII 類 共通　練習問題 2　資料 1

A 局の組織図

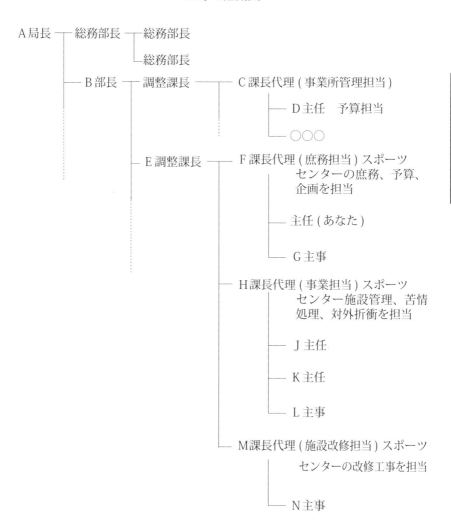

A局長 ┬ 総務部長 ┬ 総務部長
　　　　　　　　　└ 総務部長

　　　├ B部長 ─ 調整課長 ─── C課長代理 (事業所管理担当)
　　　　　　　　　　　　　　　　├ D主任　予算担当
　　　　　　　　　　　　　　　　└ ○○○

　　　　　　　　　 E調整課長 ─── F課長代理 (庶務担当) スポーツ
　　　　　　　　　　　　　　　　　 センターの庶務、予算、
　　　　　　　　　　　　　　　　　 企画を担当
　　　　　　　　　　　　　　　　├ 主任 (あなた)
　　　　　　　　　　　　　　　　└ G主事

　　　　　　　　　　　　　　 ├ H課長代理 (事業担当) スポー
　　　　　　　　　　　　　　　　　 ツセンター施設管理、苦情
　　　　　　　　　　　　　　　　　 処理、対外折衝を担当
　　　　　　　　　　　　　　　　├ J主任
　　　　　　　　　　　　　　　　├ K主任
　　　　　　　　　　　　　　　　└ L主事

　　　　　　　　　　　　　　 └ M課長代理 (施設改修担当) スポーツ
　　　　　　　　　　　　　　　　　 センターの改修工事を担当
　　　　　　　　　　　　　　　　└ N主事

AI 類、AII 類 共通　練習問題2　資料2

E事業所業務に関連する出来事

1月　・「Aスポーツセンター祭」準備開始

4月　・主任（あなた）が、主任昇任により他局からE事業所に配属される。
　　　・主任（あなた）が、「Eスポーツセンター祭」本年度の担当に指名

7月　・区役所の担当課長から、「関係団体との調整のため、至急事業内容を
　　　　教えて欲しい」との連絡あり。
　　　・区役所、町会、商店会などの団体と調整予定

10月　・Eスポーツセンター祭実施予定

来年　・Eスポーツセンター改修工事開始予定
4月

AI 類、AII 類 共通　練習問題2　資料3

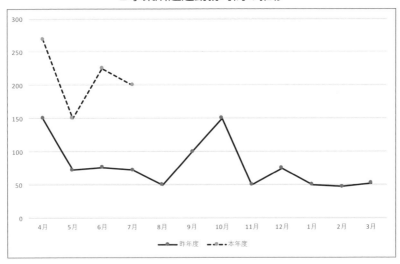

E事業所超過勤務時間の推移

主任級職選考 AI 類、AII 類 共通論文　練習問題 2
合格者が書いた論文［論文例］ 88点

AI, AII 類共通

課題

（1）　設問の職場において、事業所内が連携して業務を進めていくことの重要性について、あなたの考えを述べてください。

（300 字以上 500 字程度）

（1）

　事例の職場において、事業所内で連携して業務を進めていくことは極めて重要であり、それが不十分だと、以下の 3 つが問題となる。

　第一に、イベントの事業内容が不明確のままとなってしまう。事例及び資料 2 から、E スポーツセンター祭の内容の検討が進んでおらず、区役所からも事業内容についての問合せがあり、詳細が全く決まっていないことが分かる。イベント業務を遂行するためにも、事業内容を具体的に示すことが重要である。

なことである。

　第二に、イベント実施までの進行管理ができなくなってしまう。事例及び資料 2 より、本年 1 月から

不十分なことである。

イベントの準備を進めているものの、開催予定の 10 月に間に合わないおそれがあり、進捗状況を把握できる環境が整っていないことが分かる。イベントの準備を円滑に進めるためにも、計画的に進捗を確認

・3 つとも書きぶりが変なので「第○に～なことである。」に統一しましょう。

・事実としてわかることは言い切る。
これは解決策！問題点の最後では
ex「このままでは、区民の協力を得られず、イベントの開催も危うくなってしまう。」のように都民の不利益について記載する！

・これも書くなら、「計画的に進捗を確認できないと、イベント準備を円滑に進められない。」と書く。

することが重要である。

　第三に、協力体制を構築することができなくなっ
そしまう。事例及び資料３から、Ｅスポーツセンター
の改修工事の準備作業に各職員が追われ、昨年度よ
り超過勤務が増加しており、周囲のサポートなく通
常業務を圧迫していることが分かる。連携して業務
を進めていくためにも、情報を共有し、職員同士互
いの状況を適切に把握することが重要である。

が
されていないことである。
いけない。
しなければ

・ここも解決策になっている。

課題解決

（2）（1）を踏まえ、上記事例の職場において、あなたは、どのよう
　　　に準備を進め、イベントを予定どおり開催させるか、主任に期待され
　　　る役割を踏まえ、具体的に述べてください。

（1,200字以上1,500字程度）

（2）

　私は、事例の職場において、イベントを予定どお
り開催するために、主任として以下の３つに取り組む。

1. イベント内容の明確化

　イベント実施までの進め方を検討し、取り組むべ
き事項を把握するために、事業内容を明確にする。

　そのために私は、緊急の所内会議の実施をＦに提
案する。ここでは、イベント内容が決まっておらず
区役所から問合せがあることや、内容の洗い出しの
必要性を説明する。私は、類似のイベントの資料を
他事業所から収集するなど参考資料を揃え、内容を
洗い出せるようにする。洗い出した内容を基に、優
先的に取り組む事項を整理し、具体的な事業内容や
工程を示した進行管理表をＬに作成してもらう。作
成した表は、所内会議で意見を募り、修正や補足を
加え、Ｅに了承を得ていく。そして、区役所の担当
課長に進行管理表を用いて事業内容を説明してい
く。

　また私は、役割分担の工夫を図る。まず、各職員
にこれまでの職務や得意分野などをヒアリングす

AI、AII 類共通

「2.」の会議との違
いがわかりづらいの
で「イベント検討会議」
ぐらいにする。

・メンバーについて記
載。←全所体制にする。

・昨年以前の内容も示
す。経験者に話をして
もらう。

・進行管理表はここで
は書かない。
・「2.」と重なってし
まう。

る。そして、経験豊富な職員をアドバイザーにした
り、得意な職員を軸にペア制にするなどの役割分担
表を作成する。この表についても会議内で確認し、
修正していく。

・この修正は主任がや
りましょう。

　以上の取組により、イベント内容が確立され、着
実に準備を進めることができる。

２．進行管理の徹底

・「２．」はだいたい良
いと思います。

　予定どおり作業が進んでいるか定期的に把握し、
不測の事態にも対応するために、組織的に進行管理
を行う。

　そのために私は、週に一度の所内進行管理会議の
実施をＦに提案する。まず、私は１で作成した進行
管理表に各職員の作業を盛り込み、進捗状況が分か
るように加工する。これを共有フォルダに保存し、
初回の会議で、各職員に作業の処理状況を記録して
もらうよう依頼する。その後の会議では、作業の進
捗を確認し、重点的に行うべき作業や遅れが出てい
る作業の有無を把握する。そして、進捗に偏りが生
じた場合は、役割分担表の割当を変更するなどの対
応をする。

　また、私は作業のミスを防ぐために、作業中にミ
スが発生しそうな箇所をまとめたチェックリストを
作成する。このリストには、ＣやＦから注意点をヒ
アリングし、それをチェック項目として挙げる。こ
れを共有フォルダに保存し、各職員に活用してもら

い、新たな課題が生じたら反映させ、適宜見直していく。

以上の取組により、イベントを遅滞させずに、計画的な業務運営ができる。

3．協力体制の構築

日頃から情報共有や意思疎通を行い、連携して業務を進めるために、支援体制を整える。

そのために私は、調整課と他事業所との連携をFに提案する。まず、私はDや類似イベントの開催経験がある他事業所の主任に、合同会議を実施したい旨を伝え、各課長代理にも話を通してもらうようお願いする。また私は、日程の設定や出席者の取りまとめ、会議の司会進行を行う。会議では、Eスポーツセンター改修工事の準備に迫られ、通常業務が時間外となり、イベントの準備作業をするには、人手が足りない現状を説明し、応援を依頼する。私は、応援に来た職員がすぐに対応できるように簡易版のマニュアルを作成し、作業内容を説明する。また、その後も合同会議を定期的に行い、進捗状況を報告していく。そして、他部署からも成功事例や共有できるノウハウについてアドバイスしてもらい、業務に活用できるようにし、無駄な作業を削減できるようにする。

以上の取組により、職員間の情報共有や意思疎通により、円滑な職場づくりにつながる。

AI、AII類共通

・まず、所内での応援体制を考えること。
イベント時の他事業所の応援は可
日程が重ならないように調整すること。

1,500字

論 文 添 削 票

採点のポイント						
問題意識	問題（理想と現実のギャップ）を理解しているか	10	8	[6]	4	2
	問題の背景をとらえているか	10	[8]	6	4	2
	問題の原因を的確にとらえているか	10	[8]	6	4	2
	問題点と解決策の整合性はあるか	10	[8]	6	4	2
論理性	問題解決の実証性はあるか	10	[8]	6	4	2
	解決策は現実的、具体的か	10	[8]	6	4	2
表現力	文章は分かりやすいか	[10]	8	6	4	2
	誤字や脱字等のミスはないか	[10]	8	6	4	2
積極性	主任職の立場から論じているか	10	[8]	6	4	2
	自ら解決する意気込みが感じられるか	10	[8]	6	4	2

得点 88 点	極めて優秀 90点以上	[ほぼ合格圏 70～89点]	もう一工夫が必要 50～69点	相当の努力が必要 50点未満

講評

全体の流れは良いのですが、書きぶりに問題があります。

（1）の部分には課題（＝問題点）のみ書くようにしましょう。また（2）の解決策は3つを独立したものとして、他の解決策にまたがらないようにしましょう。

採点者にわかりやすい論文を目指してがんばりましょう。

【主任級職選考 AI 類、AII 類 共通論文】

練習問題3

・下記の事例と資料を分析し、次の（1）、（2）に分けて述べてください。

　A事業所は、都民からの相談を主な業務としている。あなたは、A事業所に、相談担当の主任として本年4月に配属された。A事業所は、所長以下9人で組織されており、おもな担当業務は組織図のとおりである。相談担当は、ベテランのC課長代理、昨年他局から異動してきたD主任、あなた、今年度新規採用職員のE主事、再任用で相談業務ベテランのF主事の5人で構成されており、あなたはE主事を指導するチューターとなった。E主事は、大学を今年卒業し、仕事はこれまでアルバイトしか、したことがないと語っていた。

　事業所では、資料のように相談件数が年々増加しており、従来業務処理を担ってきたベテラン職員が減少する中、「A事業所の回答は要領を得ない」等の苦情が多発している。
そのため、相談対応の業務改善を事業所全体で検討することになった。

　あなたは、庶務担当のB課長代理から広報担当に指名され、都民からの苦情対応や事業所内の連絡調整を担うこととなった。相談担当ベテランのF主事と業務改善を進めていくため、事業所内の苦情対応方針、ノウハウ継承の方策を検討していく予定でいた。
E主事の配属後4か月が経過したころ、あなたはE主事から、「昨日も相談者から回答がわからないとの苦情を受けました。採用後簡単な研修を受けただけでマニュアルも古いものです。これでは満足な仕事ができません。」と言われた。

(1)　設問の職場において、職場におけるノウハウ継承を進めていくための課題について、簡素に述べてください。

（300字以上500字程度）

(2)　で述べた課題に対して、今後、あなたはどのように課題解決に向けて取り組んでいくべきか、主任に期待される役割を踏まえ、具体的に述べてください。

（1,200字以上1,500字程度）

AI 類、AII 類 共通　練習問題 3　資料 1

A 事業所組織図

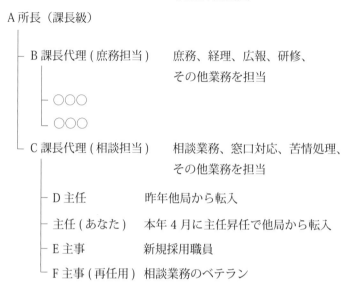

A 所長（課長級）

├─ B 課長代理 (庶務担当)　　庶務、経理、広報、研修、
　　　　　　　　　　　　　　　その他業務を担当

　　├─ ○○○
　　└─ ○○○

└─ C 課長代理 (相談担当)　　相談業務、窓口対応、苦情処理、
　　　　　　　　　　　　　　　その他業務を担当

　　├─ D 主任　　　　　　昨年他局から転入

　　├─ 主任 (あなた)　　本年 4 月に主任昇任で他局から転入

　　├─ E 主事　　　　　　新規採用職員

　　└─ F 主事 (再任用)　相談業務のベテラン

AI 類、AII 類 共通　練習問題 3　資料 2

あなたと E 主事に関する出来事

4 月
- ・E 主事、新規採用職員として A 事業所に配属される。
- ・主任（あなた）が、E 主事のチューターとなる。
- ・C 課長代理から、あなたと E 主事は、担当する業務の説明を受け
  マニュアルを渡される。
- ・あなたと E 主事が本局担当課の事業所向け研修に参加する。
- ・あなたが B 課長代理から広報担当に指名される。
- ・「A 事業所の回答は要領を得ない」等の苦情が多発する。

7 月
- ・E 主事が主任（あなた）に不満を漏らす。

AI 類、AII 類 共通　練習問題３　資料３

A 事業所相談件数の推移　（単位：件）

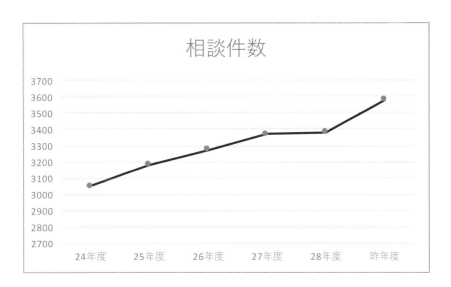

AI 類、AII 類 共通　練習問題３　資料４

A 事業所に寄せられた苦情の内容

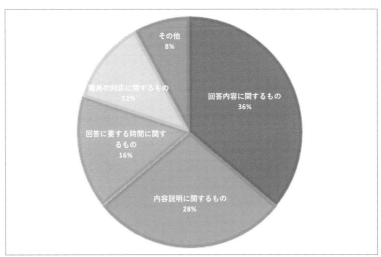

主任級職選考 AI 類、AII 類 共通論文　練習問題 3

合格者が書いた論文 ［論文例 3-1］

76点

課題

（1）　設問の職場において、職場におけるノウハウ継承を進めていくための課題について、簡素に述べてください。

（300 字以上 500 字程度）

（1）

　事例の職場において、職場におけるノウハウ継承を進めていくために、私は以下の 3 つの課題を挙げる。

　第一に、職場内における OJT が不十分なことである。事例及び資料 3 から、ベテラン職員が減少する一方で、相談件数が年々増加している。また、事例より、E が簡単な研修しか受けてない状態で業務を担当しており、OJT の取組ができていないことが分かる。ノウハウを継承するためにも、OJT を有効活用する必要がある。

　第二に、ノウハウの見える化が図られていないことである。事例及び資料 2 より、C から担当業務のマニュアルを受け取ったものの、マニュアル自体が古く、業務に支障を及ぼしていることが分かる。業務を円滑に進めるためにも、効率化を目指した業務改善が必要である。

・基本新人の E に対する OJT が不足していることを中心に書く。

・ここは解決策でなく。都民の不利益について書くのが良い。「（これでは～）～できない。」など

・ここも同様、都民の不利益を具体的に書く。

　第三に、都民に対する接遇が不足していることである。事例及び資料4から、要領を得ない回答をしていることで、苦情が多発しており、都民に不満を与えてしまっていることが分かる。<u>苦情対応を改善し、それを継続して行っていくためにも、接遇を見直す必要がある。</u>

・ここも都民の不利益を書く

96

課題解決

（2）（1）で述べた課題に対して、今後、あなたはどのように課題解決に向けて取り組んでいくべきか、主任に期待される役割を踏まえ、具体的に述べてください。　　　（1,200字以上1,500字程度）

（2）

　私は、事例の職場における課題を解決するために、主任として以下の3つに取り組む。

1　OJTの有効活用

　一日でも早く知識を身に付け、即戦力となってもらうために、業務を進めながら知識習得を図れるOJTを有効活用する必要がある。

　そのために私は、主担当のEと副担当のFとのペア制をCに提案する。まず、私とE、Fの3人で話し合う場を設ける。そして、Eが業務を進める中で課題が生じた際は、適宜Fに報告や相談をするよう促し、Fには、アドバイスしてもらうよう依頼する。次に、迅速な知識習得につながるよう、私は週に一度、進捗確認の場を設ける。ここでは、FだけでなくCからのアドバイスや、私からも他局の経験を踏まえて気付いた点を指摘し、意見交換していく。

　また、私はOJT計画の作成をCに提案する。まず、CやFに相談しながら、相談業務に必要な知識やスキルを洗い出す。そして、いつまでにどの程度習得すべきか計画し、具体的な指導内容も記載できる計

【質問】：
1つの解決策に対して、取組内容を2つにして書いているのですが、より具体的な論述となるよう、取組内容を1つにして中身を濃くした方が良かったりするのでしょうか?

【回答】：
1つにしてより具体的に書くほうがベターです。
基本は解決策1つ+αが良いでしょう。

・自分を中心に行うのだから言い切る。
・まず組織全体で何をするのか書き、（その中で）私が何をするのか役割を書く
・ペア制だけでなく、OJTで何をするのか上司やベテランを入れて、会議を行う。

・これは組織全体で考える。

画表を作成する。また、前述の進捗確認の場と併せて、Eの習熟度を確認し、適宜、目標や指導方法を修正するなど個別にフォローしていく。

　以上の取組により、業務を進めながら、知識と経験を確実に身に付けることができる。

2　業務ノウハウの強化

　業務の処理を円滑に進め、負担を軽減するために、業務の運営体制を見直す必要がある。

　そのために私は、マニュアルの改定をCに提案する。具体的には、経験豊富なCやFにヒアリングし、相談業務の概要や手順、ポイントをフロー図にまとめる。次に、都民から集中的にくる苦情や判断に迷う相談内容について洗い出す。そしてこれらについても、CやFに対応方法や留意事項を聞いた上で、Q&A形式でまとめ、マニュアルに掲載する。作成したマニュアル案は、意見を募り、例えば、Eに分かりにくい箇所を指摘してもらい、初心者にも理解しやすいものとする。一方、Cに修正や補足の必要な事項がないか確認してもらうことで、精度を高めていく。

　また私は、対応漏れがないか確認するためのチェックリストを作成する。具体的には、マニュアルから必ず確認すべき項目を抽出すると共に、CやFからヒアリングした注意点をチェック項目として挙げる。これら作成したマニュアル等は、共有フォ

・進捗管理やフォローは主任がやる。

・このタイトルでは何をするのか、わかりづらい、具体的に書く

・マニュアルも会議体を立ちあげ、組織全体で検討する。

・主任の仕事？

・これらは会議体の中で検討

・具体的に何のためのチェックリストかわかりづらい。問題点に何かあると良い。

・これは主任の仕事でしょう。

AI、AII 類共通

ルダに保存し、適宜見直していき、ノウハウの蓄積を行う。

　以上の取組により、事前にミスを防ぎ、効率的な業務運営ができるようになる。

3　接遇の見直し

　相談業務において、都民目線に立って対応するために、接遇を見直す必要がある。

　そのために私は、週に一度の担当ミーティングの実施をCに提案する。2で作成したマニュアルの中からQ&Aを抜粋し、担当内で改善点がないか、また、分かり易い内容となっているか綿密に話し合う。そして問題解消したら、私は広報担当として、掲示板やHP等を通じて、これまでの不手際を謝罪すると共に、Q&Aを都民に知らせていく。

　また、私は苦情対応記録表の作成をCに提案する。具体的には、日時・内容・対応状況を記録できる表を作成し、苦情を項目ごとに分けるなど分かり易くして、共有フォルダに保存する。これにより、類似の苦情や問合せを受けた際、事例を参照できるようにする。さらに、課題が残ったままの場合は、前述のミーティングを利用して、意見交換し、改善点を見出していく。

　以上の取組により、都民に理解してもらえる対応ができると共に、ノウハウの継承を進めていくことができる。

・これはあまりに抽象的な表現。（1）の問題点に都民目線でない対応の具体例を書く。

・ここで別の解決策に出てきたことを書かない。

・何を広報担当から謝罪するのか？

・まず、これが先でしょう。これを基にして苦情対応検討会を開催する。

・情報共有により、同じ人から再度問い合わせのあった場合、担当者がいなくても回答できることを書く。

私は、これらの取組のようにノウハウが継承できる業務を目指し、職場の課題を解決することで、都民ファーストな都政を進める。

・まとめ、決意は不要
トル

AI、AII類共通

論　文　添　削　票

採点のポイント						
問題意識	問題（理想と現実のギャップ）を理解しているか	10	[8]	6	4	2
	問題の背景をとらえているか	10	[8]	6	4	2
	問題の原因を的確にとらえているか	10	[8]	6	4	2
	問題点と解決策の整合性はあるか	10	[8]	6	4	2
論理性	問題解決の実証性はあるか	10	8	[6]	4	2
	解決策は現実的、具体的か	10	8	[6]	4	2
表現力	文章は分かりやすいか	10	[8]	6	4	2
	誤字や脱字等のミスはないか	10	[8]	6	4	2
積極性	主任職の立場から論じているか	10	[8]	6	4	2
	自ら解決する意気込みが感じられるか	10	[8]	6	4	2

得点　76　点	極めて優秀 90点以上	ほぼ合格圏 ○ 70～89点	もう一工夫が必要 50～69点	相当の努力が必要 50点未満

講評

全体の流れはOKです。

ただ、解決策などでは、ちょっと抽象的でリアリティの無いものがあります。

なんでもかんでも主任が解決ではなく、「全体ではこうする。（その内で）主任はこの役割を担う。」式の書き方にしましょう。

あくまで、具体的に、リアルに書きましょう

主任級職選考 AI 類、AII 類 共通論文　練習問題 3

合格者が書いた論文 ［論文例 3-1］ 80点

課題

（1）　設問の職場において、職場におけるノウハウ継承を進めていくための課題について、簡素に述べてください。

（300 字以上 500 字程度）

（1）

　事例の職場において、職場におけるノウハウ継承を進めていくために、私は以下の 3 つの課題を挙げる。

　第一に、職場内における OJT が不十分なことである。事例及び資料 2 から、これまでアルバイト経験しかしていない E が簡単な研修を受けただけで仕事をしており、OJT の取組ができていないことが分かる。これでは、適切な人材育成を行うことができない。

・具体的にどうできていなくて、都民にどのような不利益が生じるか書く。

　第二に、ノウハウの見える化が図られていないことである。事例及び資料 2 より、C から担当業務のマニュアルを受け取ったものの、マニュアル自体が古く、業務に支障を及ぼしていることが分かる。これでは、業務の処理が円滑に進まず、非効率的な業務運営となってしまう。

・ここも都民の不利益に言及するとベター

　第三に、都民に対する接遇が不足していることで

ある。事例及び資料4から、ベテラン職員がいるにも関わらず、要領を得ない回答をし、苦情が多発してしまい、都民に不満を与えていることが分かる。これでは、継続的に苦情対応に追われることになり、業務が遅滞してしまう。

課題解決

（2）（1）で述べた課題に対して、今後、あなたはどのように課題解決に向けて取り組んでいくべきか、主任に期待される役割を踏まえ、具体的に述べてください。　　　（1,200 字以上 1,500 字程度）

（2）

　私は、事例の職場における課題を解決するために、主任として以下の3つに取り組む。

1．OJT の有効活用

　一日でも早く知識を身に付け、即戦力となってもらうために、業務を進めながら知識習得を図れる OJT を有効活用する。

　そのために私は、緊急の担当会議の実施を C に提案する。ここでは、E の業務の状況や課題を全員で共有し、サポートしてもらうよう呼びかける。次に、C に相談の上、主担当の E と副担当の F とのペアで業務を進め、適宜、E が F に報告や相談をし、F にはアドバイスしてもらうようにする。そして、週に一度、進捗確認の場を設ける。ここでは、F だけでなく C からのアドバイスや、私からも他局の経験を踏まえて気付いた点を指摘し、意見交換していく。

　また、私は OJT 計画の作成を C に提案する。まず、担当内で話し合いながら、相談業務に必要な知識やスキルを洗い出す。そして、いつまでにどの程度習得すべきか計画し、具体的な指導内容も記載できる

【質問】：「主任の役割」と「課長代理の役割」、「主事の役割」の違いについて、気を付けるべきポイントを教えていただけますか？
　実際の本番では、その場で考えて書くことになるかと思うので、役割を越権しないよう注意する必要があるので、ポイントをおさえておきたいです。

【回答】：組織全体でやることは、私が課長代理に相談してやればOK。その他は私が主任としてやれば良いでしょう。主事の役割は人次第、問題文の設定によります。
　ここではまず OJT が重要なので、組織全体で相談して、OJT 計画を策定して、ペア制の導入をするのがベターでは！

AI、AII 類共通

計画表を作成する。また、私は適宜、Eの習熟度を確認し、目標や指導方法を修正するなど個別にフォローしていく。

以上の取組により、業務を進めながら、知識と経験を確実に身に付けることができる。

2．マニュアルの改善

業務の処理を円滑に進め、負担を軽減するために、業務の運営体制を見直す。

そのために私は、マニュアルの改定をCに提案する。まず、担当内で検討会議を開き、相談業務の概要や手順、ポイントを話し合い、フロー図にまとめる。次に、都民からの苦情や判断に迷う相談内容について洗い出す。そして、経験豊富なCやFに対応方法や留意事項をEと共に聞き、Q&A形式でEにまとめてもらい、マニュアルに掲載する。作成したマニュアル案は、検討会議において意見を募る。例えば、Eに分かりにくい箇所を指摘してもらい、初心者にも理解し易いものとする。一方、Cに修正や補足の必要な事項がないか確認してもらうことで、精度を高めていく。

また私は、都民からの相談に的確に答えるために、対応漏れがないか確認するチェックリストを作成する。具体的には、マニュアルから必ず確認すべき項目を抽出すると共に、CやFからヒアリングした注意点をチェック項目として挙げる。私は、これらの

・ベテラン、経験者の意見反映は？

・相談内容を「相談対応票」に起こしてまとめておく必要あり。

・組織図に本局があったら、本局の見解も聞いておく。

・何の対応漏れか不明

・ちょっと何をするのか、良くわかりませんが？

マニュアル等を、共有フォルダに保存し、適宜見直していき、次年度に引き継げるようにする。

　以上の取組により、事前にミスを防ぎ、効率的な業務運営ができるようになる。

３．接遇の見直し

3．の部分はこれで良いと思います。

　相談業務において、どの担当職員でも都民に不快感を与えずに誠実な対応をするために、接遇を見直す。

　そのために私は、苦情対応記録表の作成をＣに提案する。具体的には、日時・内容・対応状況を記録できる表を作成し、苦情を項目ごとに分けるなど分かり易くする。また、共有フォルダに保存して担当内で情報共有する。これにより、同じ人からの再度の問合せや類似の苦情を受けた際、担当者がいなくても回答できるようにする。

　また私は、週に一度の苦情対応検討会の実施をＣに提案する。ここでは、苦情対応記録表を基に、直近の相談内容や課題のある事例を抽出し、改善点がないか、また、分かり易い内容となっているか綿密に話し合う。そして問題が解消したら、私は広報担当として、掲示板やHP等を通じて、Q&A形式にして都民に情報発信していく。

　以上の取組により、都民に理解してもらえる対応ができると共に、ノウハウの継承を進めていくことができる。

AⅠ、AⅡ類共通

論　文　添　削　票

採点のポイント						
問題意識	問題（理想と現実のギャップ）を理解しているか	10	[8]	6	4	2
	問題の背景をとらえているか	10	[8]	6	4	2
	問題の原因を的確にとらえているか	10	[8]	6	4	2
	問題点と解決策の整合性はあるか	10	[8]	6	4	2
論理性	問題解決の実証性はあるか	10	8	[6]	4	2
	解決策は現実的、具体的か	10	[8]	6	4	2
表現力	文章は分かりやすいか	[10]	8	6	4	2
	誤字や脱字等のミスはないか	10	[8]	6	4	2
積極性	主任職の立場から論じているか	10	[8]	6	4	2
	自ら解決する意気込みが感じられるか	10	[8]	6	4	2

得点　80　点	極めて優秀 90点以上	○ ほぼ合格圏 70〜89点	もう一工夫が必要 50〜69点	相当の努力が必要 50点未満

講評

全体的には良く書けています。

ただし（2）の解決策ですが、基本的に組織全体で何をするのか述べて、そのあと（その中で）私が何をするのかを述べましょう。心がけとかムードメークはそのつぎです。

それと、あくまで問題文、資料中の舞台設定の中でなるべく具体的に書くようにしましょう。

主任級職選考 AI 類、AII 類 共通論文　練習問題 3
合格者が書いた論文 ［論文例 3-2］

76点

課題

（1）　設問の職場において、職場におけるノウハウ継承を進めていくための課題について、簡素に述べてください。

（300 字以上 500 字程度）

（1）

　事例の職場において、職場におけるノウハウ継承を進めていくための課題は次の三点である。

　第一に、情報共有による業務改善である。事例の職場では、年々相談件数が増加しており、A 事業所の回答は要領を得ないなどの苦情も多発している。しかし、苦情等を共有し、業務を改善する支組みが出来ていなく、組織としてノウハウが継承されていない。

　第二に、職員の育成である。新人の E 主事は、本局担当課の研修と古いマニュアルのみで業務を行っており、不満を持っている。また、事業所に対する苦情の 6 割以上が、回答内容と内容説明に関することであり、全職員の能力向上が必要である。

　第三に、マニュアルの整備である。マニュアルは古いままであり、現状に対応出来ていなく、新人職員の参考にもなっていない。また、組織として、マ

・どの資料から言えるか書く。「資料○によると、」

・なるべく都民の不利益について言及するとリアル。

・ここもどの資料から言えるか書く。

・第 1、第 3 が問題点で終わっているのでここも新人、転入者のスキルが追いついていないことを述べる。

・これもどこから言えるのか書く。

ニュアルを更新、見直す体制もなく、ノウハウの継承がなされない環境となっている。

課題解決

（2）（1）で述べた課題に対して、今後、あなたはどのように課題解決に向けて取り組んでいくべきか、主任に期待される役割を踏まえ、具体的に述べてください。

（1,200 字以上 1,500 字程度）

（2）

　私は、（1）で述べた課題の解決に向けて、主任として以下のとおり取り組む。

1．業務改善PTの設置

　私は、組織としての情報共有の場、又は、業務改善策を検討する場として、ＰＴの設置をＣ課長代理へ提案する。参加者は、Ｃ課長代理を含む相談担当とＢ課長代理にも参加を依頼する。そこでは、年々増加する相談件数と今年度の苦情等の内容を共有し、都民対応の改善を目標とする。私は司会進行を行い、各職員から具体的な苦情内容とその対策について、まとめるとともに事業所職員が閲覧出来るように共有サーバーに保存し、可視化する。

（・これで良いでしょう。）

　また、広報担当として、質問の多い事項に関するＱ＆Ａを作成し、ＰＴでの確認後、Ａ所長の決定を経て、HPや事業所内へ掲示を行う。

（・ちょっと後ろ向きですね。このしくみを使って事業改善を進めていくことを述べる。）

　さらに、相談担当の職員など内部職員とも共有し、組織として統一的な回答が出来る体制を整える。

　以上の取組みにより、組織としての情報共有と苦情等に対する業務改善が出来る環境となる。また、継続して行うことで、ノウハウを継承出来る組織と

なる。

２．ＯＪＴの実施と協力体制の構築

　私は、Ｅ主事に対するＯＪＴの実施と相談業務担当間での協力体制の構築を提案する。

　まず、チューターとして、Ｅ主事と話し合う場を設け、Ｅ主事の業務と課題、悩みを洗い出す。私は、それらを進行管理表としてまとめ、Ｃ課長代理と共有する。そして適宜進捗状況を確認するとともにフォロー、アドバイスを行う。

　また、相談担当間でベテラン職員と新人、転入職員が２人で業務を担当するペア制度の導入をＣ課長代理へ提案する。職員の経験や習熟度から、職員間で相談してペアを決める。これにより、新人、転入職員はベテラン職員から、仕事の進め方やノウハウを常に習得出きる環境となる。その際、私はチューターとして把握しているＥ主事の状況をＥ主事とペアを組む職員とも共有し、複数で新人にノウハウを習得出来るようにする。

・全体で話し合うことで、何をするのかはっきり書く。

　さらに、週一程度の担当会の開催も提案し、業務での困難な点等、気軽に相談出来るようにする。

　以上の取組みにより、Ｅ主事を含め、相談業務担当間でのノウハウが習得出来る体制につながる。

・わかりづらい表現！

３．マニュアルの作成と継承

　私は、現状の業務に対応出来ないマニュアルの整備と定期的な見直し実施を行う。

　この提案をＰＴで行い、経験のあるＣ課長代理、
Ｆ主事から聞き取りを基に、Ｄ主任と協力して更新
を行う。作成後、ＰＴでベテラン職員と新人職員の
意見を取り入れ、誰に対しても分かりやすいマニュ
アルを作成する。また、作成したマニュアルは、共
有フォルダに保存し、誰もが閲覧と更新が出来るよ
うにする。

　さらに、法改正等により現状が変わった場合を含
め、定期的に更新を行うことをＰＴで提案する。
以上の取組みにより、現状に対応した、誰に対して
も分かりやすいマニュアルの整備へつながる。また、
この取組みを継続して行うことで、常に新しい内容
を盛り込めるとともに組織にノウハウが蓄積され、
継承される体制となる。

・業務改善ＰＴのこと
でしょうが、解決策で
は基本的に第１の解決
策で、（ここではPT）
第３の解決をしないよ
うにしましょう。

・書くなら別の会議体
で対応するのがベター

・「私」の役割は？

AI, AII 類共通

論 文 添 削 票

採点のポイント						
問題意識	問題（理想と現実のギャップ）を理解しているか	10	[8]	6	4	2
	問題の背景をとらえているか	10	8	[6]	4	2
	問題の原因を的確にとらえているか	10	[8]	6	4	2
	問題点と解決策の整合性はあるか	10	[8]	6	4	2
論理性	問題解決の実証性はあるか	10	[8]	6	4	2
	解決策は現実的、具体的か	10	[8]	6	4	2
表現力	文章は分かりやすいか	10	[8]	6	4	2
	誤字や脱字等のミスはないか	10	[8]	6	4	2
積極性	主任職の立場から論じているか	10	[8]	6	4	2
	自ら解決する意気込みが感じられるか	10	8	[6]	4	2

得点　76　点	極めて優秀 90点以上	[ほぼ合格圏 70～89点]	もう一工夫が必要 50～69点	相当の努力が必要 50点未満

講評

全体的には良く書けています。

ただし、（1）の部分で資料のどこからそれが言えるのかの明示が無いこと。（2）の部分では対応策の中で「私」が何をするのかがはっきりしていません。

そのあたりに留意して再度書いてみましょう。

【主任級職選考 AI 類、AII 類 共通論文】

練習問題 4

・下記の事例と資料を分析し、次の（1）、（2）に分けて述べてください。

　A局のC事業所は、多摩地域の工場などの事業場の公害規制・指導を主な業務としている。この事業所では、調整担当が所の庶務及び事業場の届出の受付と許可を行い、環境改善担当が規制・指導を行っている。あなたは、C事業所に、調整担当の主任として本年4月に局間交流で配属された。今年度は、あなたの他に、ベテランのD課長代理、昨年他局から異動してきたE主任、あなた、今年度新規採用職員のF主事の4人で構成されており、あなたはF主事を指導するチューターとなった。F主事は、大学を今年卒業し、仕事はこれまでアルバイトしか、したことがないと語っていた。

　C事業所では、法令改正を受け来年4月の水質規制の新制度に向け事業場からの相談件数が増加しており、アクリル板などの感染防止対策は行っているが窓口も混雑し密な状態が続いている。日中、電話対応や窓口の相談対応に追われ書類が審査できずに超過勤務が多くなり、従来業務処理を担ってきたベテラン職員が減少する中、「新制度に向けての説明がわかりづらい」等の苦情が多発している。

　そのため、『新しい日常』における相談対応のための業務改善を事業所全体で検討することになった。

　あなたは、調整担当のD課長代理から新制度相談検討を任され、事業場からの相談対応や事業所内の連絡調整を担うこととなった。公害規制ベテランのJ主任と業務改善を進めていくため、事業所内の相談対応方針、ノウハウ継承の方策を検討していく予定でいた。

　F主事の配属後4か月が経過したころ、あなたはF主事から、「昨日も相談者から説明がわからないとの苦情を受けました。水質関係の指導担当のJ主任は公害規制のベテランなのに、新制度に向けての相談は調整担当の仕事だと言って相談にも乗ってくれません。これでは満足な仕事ができません。」と言われた。

(1)　設問の職場において、業務を円滑に進めていくうえでの課題について、簡潔に述べてください。

（300字以上500字程度）

(2)　（1）で述べた課題に対して、今後、あなたはどのように課題解決に向けて取り組んでいくべきか、主任に期待される役割を踏まえ、具体的に述べてください。

（1,200字以上1,500字程度）

AI 類、AII 類 共通　練習問題 4　資料 1

A 局の組織図

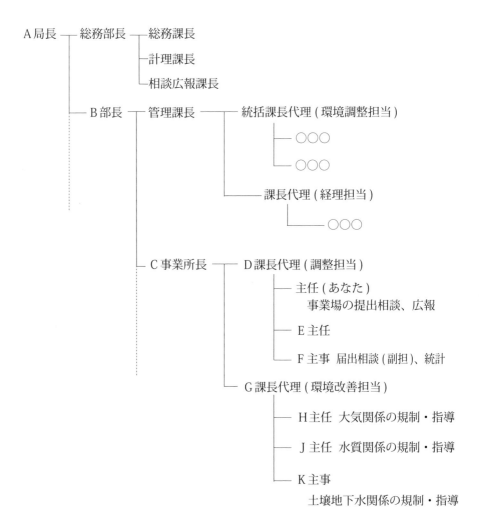

AI 類、AII 類 共通　練習問題４　資料２

あなたとＦ主事に関連する出来事

4月　・Ｆ主事、新規採用職員としてＣ事業所に配属される。

　　　・主任（あなた）は、局間交流でＣ事業所に配属される。

　　　・主任（あなた）は、Ｅ主事のチューターとなる。

　　　・主任（あなた）は、Ｄ課長代理から、
　　　　水質規制新制度検討を任される。

　　　・「新制度に向けての説明がわかりづらい」等の苦情が多発する。

　　　・Ｅ主事が主任（あなた）に不満を漏らす。

7月

来年　・水質規制の新制度開始
4月

AI 類、AII 類 共通　練習問題４　資料３

Ｃ事業所相談件数の推移　（単位：件）

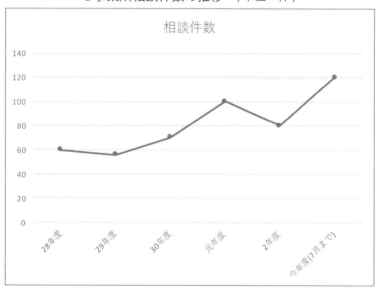

AI 類、AII 類 共通　練習問題4　資料4

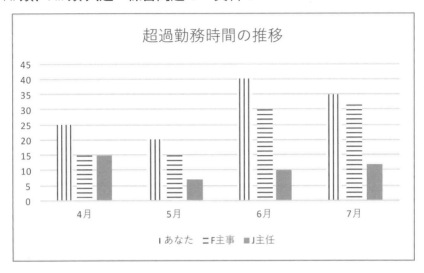

主任級職選考 AI 類、AII 類 共通論文　練習問題4
合格者が書いた論文 ［論文例 4-1］ **90**点

課題

（1）　設問の職場において、業務を円滑に進めていくうえでの課題について、簡潔に述べてください。

（300 字以上 500 字程度）

（1）

　事例において、業務を円滑に進めていく上での課題は以下の3点である。

　第一に、職員に協力意識が欠如している点である。事例の事業所では、水質規制の新制度に向け、相談対応の改善が急がれる状況である。しかし、公害規制のベテランのJ主任は、調整担当からの新制度に関する相談を担当が違うことを理由に拒絶している。このままでは、効果的な業務改善の検討は難しく、組織の団結力も低下するおそれがある。

　第二に、職員が業務上必要な知識を十分に習得できていない点である。事例では、ベテラン職員が減少し、経験の浅い職員が増加している。一方で、ベテラン職員には、ほかの職員と知識やノウハウを共有しようという意識が欠如している。このままでは、組織に蓄積された知識やノウハウは失われ、円滑な業務遂行に支障が生じる可能衛がある。

　第三に、新制度に関する情報発信が不足している点である。事例では、新制度に関する事業場からの相談件数が増加し、職員の業務が逼迫している。窓口は混雑し、感染対策上も問題がある。このまま新制度が始まる来年４月に向けて相談数が増え続ければ、職員の対応が追い付かなくなり、業務が停滞するおそれがある。

課題解決

（2）（1）で述べた課題に対して、今後、あなたはどのように課題解
　　決に向けて取り組んでいくべきか、主任に期待される役割を踏まえ、
　　具体的に述べてください。

（1,200字以上1,500字程度）

（2）

　前述の課題を解決するため、私は主任として積極
的に以下3点の取組を~~行う~~。

1　所内協力体制の構築

　組織が一丸となって業務改善を行うには、職員の
縦割り意識を払拭し、互いに協力し合う職場風土を
醸成する必要がある。

　そこで私は、効果的な相談対応の検討のため、D
代理の了承を得た上で、公害規制に詳しい環境改善
担当の協力をG代理に依頼する。そして、所内で業
務改善PTを結成することを提案し、J主任に参加を
依頼する。PTでは、相談対応における課題を共有し、
感染防止対策の観点も踏まえ、改善策を多角的に検
討する。私は議事録を作成し、PTで扱った資料と
ともに所内の共有フォルダに格納して可視化する。
また、D代理とC所長に定期的に検討状況を報告し、
方向性について指示を仰ぐ。

　~~次に、~~調整担当と環境改善担当合同の連絡会を週
に1回開催する~~こと~~を提案する。連絡会では、前述
のPTでの検討状況の共有や、担当ごと~~の業務状況や~~
課題の報告を~~行い~~、適宜意見交換や業務調整を~~行う~~。

AI, AII 類共通

　さらに私は、職員同士で情報共有や相談を行いやすい明るい職場風土の醸成のため、日頃から職場で挨拶や声がけを励行する。

　以上の取組で、所内の横の連携が強化され、組織力が向上し、円滑な業務遂行につながる。

2　ノウハウ共有の仕組みづくり

　経験の浅い職員も含め、職員一人一人が適切かつ円滑に業務を遂行するには、知識やノウハウを確実に習得できる環境が必要である。

　そこで私は、相談対応・審査業務マニュアルの作成をD代理に提案する。マニュアルには、業務のフロー図やよくある事例、審査項目のチェックリスト等を記載する。作成したマニュアルは、共有フォルダに格納して所内で共有し、改善案等の意見を随時募集して適宜更新する。

　次に、所内勉強会の開催を提案し、経験の浅い職員には積極的な参加を呼びかけ、ベテラン職員にも参加協力を個別に依頼する。勉強会では、前述のマニュアルを活用して基本知識を確認する。また、各職員が業務上抱えている不明点や悩みを共有し、ベテラン職員を交えて解決策の検討を行う時間を設ける。

　さらに、業務フォルダには資料等の成果物だけではなく、業務記録メモを定期的に保存するルールを設けることを所内で提案する。業務記録メモには、業務経

過や反省点、参照した資料等まで記載を求める。

　以上の取組で、職員間での知識やノウハウの共有化が促進され、職員の業務遂行力の向上につながる。

・実務に役立つものとする。

3　新制度に関する広報の強化

　限られた人員で相談対応を適切に行うには、事業場への十分な情報提供を通じて、相談件数を抑える取組が必要である。

　そこで私は、公式ホームページや地域広報誌等の媒体を活用した新制度に関する情報発信をD代理に提案する。私は、前述のマニュアルを基に、新制度の概要資料とQ&A集を作成し、D代理の確認を得る。作成にあたっては、図表を入れたり、専門用語を避けて分かりやすい表現を用いたりして、読んですぐ理解できるよう工夫する。そして、C所長の了承を得た上で、本庁の広報部門と調整し、前述の媒体に掲載する。

　また、より多くの事業者に情報が届くように、Twitter等の公式SNSアカウントを活用した周知も、併せて調整の上で実施する。具体的には、新制度の概要と公式ホームページの該当ページのリンクを掲載し、情報発信を行う。

　さらに、日中の窓口混雑と電話の殺到を緩和するため、問合せ先として所の組織アドレスを掲載し、メールでの問合せも受け付ける。

　以上の取組で、事業場に十分な情報が提供されて

新制度に関する理解が進み、円滑な業務対応につながる。

　私は、事例の職場において上記対策を推進し、業務が円滑かつ効率的に遂行される組織づくりに誠心誠意努める決意である。

論 文 添 削 票

	採点のポイント					
問題意識	問題（理想と現実のギャップ）を理解しているか	⑩	8	6	4	2
	問題の背景をとらえているか	⑩	8	6	4	2
	問題の原因を的確にとらえているか	10	⑧	6	4	2
	問題点と解決策の整合性はあるか	10	⑧	6	4	2
論理性	問題解決の実証性はあるか	10	⑧	6	4	2
	解決策は現実的、具体的か	10	⑧	6	4	2
表現力	文章は分かりやすいか	10	⑧	6	4	2
	誤字や脱字等のミスはないか	⑩	8	6	4	2
積極性	主任職の立場から論じているか	⑩	8	6	4	2
	自ら解決する意気込みが感じられるか	⑩	8	6	4	2

AI, AII 類共通

得点	**90** 点	極めて優秀 ◯ 90点以上	ほぼ合格圏 70〜89点	もう一工夫 が必要 50〜69点	相当の努力 が必要 50点未満

講評

　良く書けています。

　細部を詰め、完成論文に仕上げてください。

　頑張ってください。

124

主任級職選考 AI 類、AII 類 共通論文　練習問題 4
合格者が書いた論文 ［論文例 4-2］

90点

課題

（1）　設問の職場において、業務を円滑に進めていくうえでの課題について、簡潔に述べてください。

（300 字以上 500 字程度）

（1）

　　設問の職場において、業務を円滑に進めていく上での課題は以下の三点である。

　　第一に、職員の業務知識が不足している点である。事例より、F 主事は大学を卒業したばかりで業務に不慣れ~~であり~~、相談者から説明が分からないという~~なため~~苦情を受けている。職員の理解不足は事業場からの信頼低下にもつながり、業務を円滑に進めていくことができない。

　　第二に、事業所内の連携体制が不十分な点である。事例では、調整担当の F 主事が環境改善担当の J 主任に相談に乗ってもらえていない。このままでは組織内で協力が得られず、円滑に業務を遂行することができない。

　　第三に、事業場への広報が不足している点である。事例によると、C 事業所では、来年 4 月の水質規制の新制度に向け事業場からの相談件数が増加し、電

（1）は良く書けています。

話や窓口の相談対応に追われ書類の審査が滞ってい
る。このままでは、~~で~~事業者に新制度が十分理解され
ず、業務を円滑に進めることができない。

（2）（1）で述べた課題に対して、今後、あなたはどのように課題解決に向けて取り組んでいくべきか、主任に期待される役割を踏まえ、具体的に述べてください。

（1,200字以上1,500字程度）

（2）

　前述した課題を解決するため、私は主任として以下に取組む。

1　職員の業務理解の向上

　円滑に仕事を進めていくためには、職員全員が業務について深く理解している必要がある。
（を十分）

　そこで私は、まず、相談対応マニュアルの作成をD課長代理に提案する。マニュアルについては私が主担当となり、公害規制ベテランのJ主任に協力を依頼する。具体的には、水質規制の新制度における変更点とよくある相談事例をQ&A形式でまとめる。原案をJ主任に確認してもらい、ベテランの視点を取り入れ内容を充実させる。
（∧は原案の　を求め）
完成したマニュアルについては、D課長代理の承認を得て、事業所内共有のフォルダに格納し全員で活用することを周知する。
（た後　　の∧　　よう）
更に、J主任を講師とする担当内研修会の実施をD課長代理に提案する。私は主任として研修会の日程調整や会場手配、資料の準備等を行う。また、
（∧）
研修会の実施にあたり、F主事から聞き取りを行い、
（∧の）
対応が難しかった事例や疑問点などを事前にまとめてJ主任に伝え、重点的に解説してもらうことで効

果的な研修につなげる。以上の取組により、x職員の
業務知識が深まり、業務を円滑に進めていくことが
（事務）
できる。

2　事業所内の連携体制の構築
　　　　　　　　　　（強化）
　業務を円滑に進めていくためには、日頃から事業
所内で情報共有し協力し合う体制づくりが必要であ
る。

　そこで私は、まず、所内共有スケジュール表の作
成をD課長代理に提案する。私はスケジュール表の
様式を作成し、各職員に業務予定を記入してもらう。
これにより、各職員の仕事の進捗状況や業務量が明
確になり、フォローを行いやすくなる。
　　　　　　　　　　（進め）
　次に私は、週一回の所内合同連絡会の開催をD課
長代理に提案する。第一回目の連絡会では各担当
の業務の現状を報告し、事業所全体での連携の必要
（から）
性につて共通理解を図る。第二回目以降では、スケ
（得）
ジュール表に基づき各職員の進捗状況を報告し、遅
（させ）
れが見られる案件や業務量に偏りが見られる場合は、
（の）
フォロー体制を組むことをD課長代理に提案する。

　また、私は日頃から挨拶や声掛けを励行し、環境
改善担当の職員とコミュニケーションをとることを
心がけ、所内全体でF主事を育成できるよう、風通
しのよい職場づくりに努める。

　これらの取組により所内で連携が進み、円滑に業
務を進めることができる。

・連携なので、育成ま
で触れなくてよいで
しょう。

AI, AII 類共通

128

3　広報の充実

　業務を円滑に進めていくためには、新制度につい
て事業場から十分な理解を得る必要がある。

　そこで私は、まず、広報の充実をD課長代理に提
案する。先述のマニュアルを活用して新制度の変更
点を分かりやすくまとめ、HP上で公開する。公開
にあたっては、×事業者目線に立ち、誰でも分かるよ
うな表記になっているか、内容に誤りがないか等、
ダブルチェックを行う。また、よくある相談事例を
簡単な形でまとめたリーフレットを作成し、窓口の
近くに設置する。リーフレットには、HPで新制度
の詳細を紹介している旨とURLも記載する。さらに、
窓口の混雑を緩和するため、比較的空いている時間
帯等も明記する。

　これらの取組により、事業者が新制度について理
解を深めるとともに窓口の混雑も緩和され、円滑に
業務を進めていくことができる。

第1の解決策　20行
第2の解決策　21行
第3の解決策　18行

バランスが悪いので調
整してください。

論 文 添 削 票

採点のポイント						
問題意識	問題（理想と現実のギャップ）を理解しているか	(10)	8	6	4	2
	問題の背景をとらえているか	(10)	8	6	4	2
	問題の原因を的確にとらえているか	10	(8)	6	4	2
	問題点と解決策の整合性はあるか	10	(8)	6	4	2
論理性	問題解決の実証性はあるか	10	(8)	6	4	2
	解決策は現実的、具体的か	10	(8)	6	4	2
表現力	文章は分かりやすいか	10	(8)	6	4	2
	誤字や脱字等のミスはないか	(10)	8	6	4	2
積極性	主任職の立場から論じているか	(10)	8	6	4	2
	自ら解決する意気込みが感じられるか	(10)	8	6	4	2

得点 90 点	極めて優秀 90 点以上 ○	ほぼ合格圏 70 ～ 89 点	もう一工夫が必要 50 ～ 69 点	相当の努力が必要 50 点未満

講評

良く書けています。

細部を詰めるとともに、解決策の充実を図り、完成論文に仕上げてください。

頑張ってください。

主任級職選考 AI 類、AII 類 共通論文　練習問題4
合格者が書いた論文 ［論文例 4-3］

84点

課題

（1）　設問の職場において、業務を円滑に進めていくうえでの課題について、簡潔に述べてください。

（300 字以上 500 字程度）

（1）

　設問の職場において、以下3点の課題が考えられる。

　第一に、相談対応業務の改善である。事例の事業所では、新制度に向け相談件数が大幅に増加しており、窓口の混雑や超過勤務の増加といった問題が生じている。また、「説明がわかりづらい」といった苦情も多発している。こうした状況の中で、業務改善として、私はD課長代理から新制度相談検討を任された。

　第二の課題は、事業所内の連携である。F主事の「J主任は相談にも乗ってくれない」旨の発言から、J主任と適切な協力関係を築けていない状況であると考えられる。また、資料4によると、超過勤務時間について、J主任と比較して、調整担当の私やF主事の時間数が大幅に増加していることが分かる。このままJ主任と連携がとれず、調整担当の負担が大

・解決策のタイトルと同一になっているので、ここではできていないことを述べてみては！「新制度について説明が不足していることである。」ぐらいにしては。

統一する

きくなると、業務が遅滞するなど、円滑な業務の遂行に支障が出る可能性がある。

第三の課題は、業務ノウハウの継承である。事例の職場ではベテラン職員が減少してきている。また、残っているベテランのJ主任への相談もできないという問題がある。このままでは、今後人員が入れ替わっていく際に、ノウハウが無くなり、円滑な業務処理を行うことができなくなる恐れがある。

解決策と順番を合わせる

・遅滞を述べるだけでよいのでは。業務の支障を書くのなら都民の不利益を述べる。

・同様に統一する。

AI、AII 類共通

課題解決

（2）（1）で述べた課題に対して、今後、あなたはどのように課題解決に向けて取り組んでいくべきか、主任に期待される役割を踏まえ、具体的に述べてください。

（1,200字以上1,500字程度）

（2）

　前述した3点の課題に対して、私は主任として以下の取組を行う。

1．相談対応業務の改善

　相談件数抑制のため、私はまず新制度についての積極的な情報発信に取り組む。具体的にはまず、新制度の内容を簡潔にまとめた資料や、よく受ける相談内容を一覧にしたQ&A集を作成し、<u>事業所のホームページに掲載する</u>。掲載内容については、J主任にも相談するが、なるべく負担とならないよう、既存の資料で活用できるものを探してもらう、Q&A集の骨子案は私が作成して、J主任にはそれを添削してもらうだけにするなど、工夫をする。

・HP活用の際は本局広報部門に相談する。（組織図に記載のある場合）

　また、窓口や電話での相談に加えて、ホームページ上にチャットボットを設置する。これにより内容の重複する相談や問い合わせに自動返信で対応することで、対応にかかる時間や手間を削減できるうえ、窓口の混雑緩和につなげることができる。

　こうした取組により、事業場の担当者が相談のために電話をかけたり来所したりする手間を減らすことができる。また、C事業所としても、相談対応に

・『新しい日常』も書いてあるので相談に予約を取るなど密にならないよう努める。

追われる状況を改善し、円滑に業務を進めることができる。

2. 業務ノウハウの継承

業務ノウハウを適切に他の職員に伝えていくために、私はノウハウの見える化に取り組む。

例えば相談対応については、対応記録票を作成し、共有することを提案する。記録を残しておくことで、過去に自身や他の職員が対応した事例を参照することができる。また、難しい案件については定期的に事例検討会を開き、どのような対応を取るべきかを検証して、共有する。これにより、どの職員でも類似の事例に円滑に、統一された対応を取ることが可能になる。

また私は、業務マニュアルの整備にも取り組む。まずは本庁の相談広報担当に相談し、本庁で使用されているマニュアル類があれば、活用を検討する。マニュアルは紙保存ではなく、ポータルサイトを活用して、情報の検索や編集が容易にできるようにする。具体的な内容については、<u>PTを立ち上げ、そこを中心に作成する</u>。私はPTの打合せを開く調整や進行役などを努める。

・環境改善担当にも参加してもらうことを書く。

このようにノウハウを蓄積する仕組みを構築することで、経験を問わず各職員が同じレベルで業務を遂行できるほか、人員交替の際の引継ぎも円滑に進めることができる。

3. 事業所内の連携促進

　業務の押し付け合いなどを防ぎ、担当間で協力して業務を進めていくためには、役割分担を明確にしておく必要がある。そのために私は、業務フロー図の作成に取り組む。フロー図において、一連の業務の中で誰がどのような役割を果たすのかを明らかにする目的である。完成したフロー図は、調整担当のD課長代理と環境改善担当のG課長代理にも確認、承認をもらう。このように、役割を明確化し、担当が各自の役割を果たすことで業務が円滑に進み、また曖昧な役割分担に起因する不満も抑えることができる。

　そのうえで環境改善担当と定期的に情報交換会の機会を設けられるよう、私は課長代理に提案する。この情報交換会の場で、互いの業務の状況や最新情報を共有する。また、例えば2で述べた相談対応記録の事例検討について、環境改善担当からアドバイスをもらい相談対応に活かすなど、情報交換会の場を活用して、業務の質の向上につなげる。さらに情報交換会のような機会にコミュニケーションを重ねることで、日頃から担当を超えた連携意識を持てるような雰囲気の醸成を図る。

・ここでは理念のようなものでなく超勤削減に繋がるように書く。

論 文 添 削 票

採点のポイント							
問題意識	問題（理想と現実のギャップ）を理解しているか	10	⑧	6	4	2
	問題の背景をとらえているか	10	⑧	6	4	2
	問題の原因を的確にとらえているか	10	⑧	6	4	2
	問題点と解決策の整合性はあるか	⑩	8	6	4	2
論理性	問題解決の実証性はあるか	⑩	8	6	4	2
	解決策は現実的、具体的か	⑩	8	6	4	2
表現力	文章は分かりやすいか	10	⑧	6	4	2
	誤字や脱字等のミスはないか	10	8	⑥	4	2
積極性	主任職の立場から論じているか	10	⑧	6	4	2
	自ら解決する意気込みが感じられるか	10	⑧	6	4	2

得点	**84** 点	極めて優秀 90点以上	ほぼ合格圏 70〜89点	もう一工夫 が必要 50〜69点	相当の努力 が必要 50点未満

講評

　全体としては良く書けています。

　特に解決策は特に直すところはありません。HPやマニュアルづくりでは、組織図の範囲内で本局にも相談しましょう。

　タイトルについては問題点と解決策同一では字数のムダなので問題点については、できていないことを書いて採点者にわかりやすくするのがベターと考えます。

主任級職選考 AI 類、AII 類 共通論文　練習問題 4
合格者が書いた論文 ［論文例 4-4］

80点

課題

（1）　設問の職場において、業務を円滑に進めていくうえでの課題について、簡潔に述べてください。

（300 字以上 500 字程度）

（1）

　本事例の職場において、業務を円滑に進めていくうえでの課題は、以下の三点である。

　第一に、相談対応が円滑に実施されていないことである。資料 3 及び 4 から、今年度は、相談件数が増加しており、それに伴い超過勤務も増加していることがわかる。また、説明がわかりづらいとの苦情が多発している。このままでは、多忙による業務品質の低下による新たな苦情の発生、しいては都民の信頼失墜を招く恐れがある。

　第二に、ノウハウの継承が不十分な点である。本文からベテラン職員の減少により、ノウハウの継承が進んでいないことがわかる。今年度の調整担当は、D 課長代理以外は初めて本業務を担う職員であり、ノウハウを確実に継承していく体制整備が必要である。

　第三に、組織内の強い縦割意識である。本文から水質関係の規制に詳しい J 主任が相談対応には非協

・来年 4 月から新制度が導入されることに言及すること。

・D 課長代理から、新制度相談検討を任されたことを書く。上司からの指示は最重要！

・(1) では、なるべく「できていない」ことを書く。

力的なことがわかる。資料4から超過勤務も職員に
よりばらつきが生じており、業務の平準化ができて
いない。限られた人員で業務を円滑に遂行するには、
担当の垣根を超えた協力が必要になる。

・これでは解決策。ここ
では窓口での相談対応が
多く密な状態が続いてい
ることを書く。

もしくは第一にか？

・ここではF主事の問題
点を書くのもOK!

AI、AII 類共通

138

課題解決

（2）（1）で述べた課題に対して、今後、あなたはどのように課題解決に向けて取り組んでいくべきか、主任に期待される役割を踏まえ、具体的に述べてください。

（1,200字以上1,500字程度）

（2）

　前述した課題に対して、私は主任として以下の三点に取り組む。

1. 相談対応業務の改善

・どう改善するのかタイトルに入れる。

　まず私は、相談対応記録簿の作成に着手する。各職員が相談を受けた際は、相談記録簿に日時、担当者、内容、回答等を記載する。その際に記載例を作成し、各担当者に周知することで、記録簿の内容をある程度統一化する。相談記録簿はエクセルで作成し、共有サーバに格納する。これにより、相談対応時に過去の案件を簡易検索できる任組を確立することで、相談対応に要する時間の消減を図る。

　次に、新制度のわかりやすい説明資料を作成する。苦情内容を分析することで、事業場がわかりにくいと感じている箇所を把握し、そこを詳細にした資料を作成する。その際は、簡潔な表現や図を多用するなど、事業場目線を意識して作成する。作成した資料は事業所のHPに掲載し、周知する。また、相談記録簿を分析して、相談の多い案件を把握。FAQを作成し、前述の資料とセットで公開する。この取組により、窓口での相談件数自体の消減を図り、「新

・と書くのなら問題点に新制度についての問題点を必ず書く。

・新制度については水質関係の規制・指導担当のJ主任の意見を取り入れること。

・HP上の公開なら、メール相談、HP上での窓口相談の予約などDX的な解決策を書く。

しい日常」化での相談対応の実現はもとより、相談対応の改善を図り、円滑な業務運営を実現する。

2. 円滑なノウハウの継承の実現

まず、調査担当の職員のスキルアップを図るため、勉強会の開催を企画する。職員から、勉強会で実施したい内容をとりまとめ、D課長代理に対応する。その際に、勉強会の講師をJ主任などの環境改善担当のベテラン職員に依頼することとし、D課長代理とともにG課長代理に協力要請する。私は、主任として勉強会の運営、司会進行等を担当する。開催後はその効果を検証し、次の間催につなげる。

・新制度についても言及する。

また、業務マニュアルの整備に取り組む。ベテラン職員へのヒアリングや過去資料を精査し、F主事をはじめとした経験の浅い職員の意見を聞きながら整備する。その際は、専門用語には注釈をつけるなどの担当者がすぐに業務内容を理解できるための工夫を凝らす。整備したマニュアルについては、定期的にその内容を検証し、必要に応じて更新していく。この取組により、円滑なノウハウ継承を実現し、誰が担当しても組織として統一的な対応ができるような環境を整備する。

・B部の環境調整担当にも相談する。

3. 所内の横断的な応援体制の構築

まず、環境改善担当との定期的な打合せの開催をD課長代理とともにG課長代理に提案する。打合せにより各担当の業務や課題等を情報共有すること

AI、AII類共通

140

で、互いの状況を理解し、縦割意識の解消を図る。次に、打合せ時に相談対応業務への応援を依頼する。依頼に際して、私は現在の繁忙状況や応援依頼の主旨、具体的な応援内容を簡潔にまとめて説明し、理解を得られるよう努める。また、環境改善担当の繁忙期には、調整担当が応援を担うことをD課長代理の了承を得て提案し、所内の横断的な応援体制の構築を図る。<u>また、F主事の育成についても協力を依頼する。人材育成は組織全体の課題であることを説明し、理解を得る。また前述した勉強会や打合せの際に、F主事と他職員のパイプ役として、積極的に顔をつなぎ、F主事が他職員に相談しやすい雰囲気の醸成を図る。</u>この取組により、所内の縦割意識を解消し、所内全体で問題解決に取り組む風通しの良い職場作りに貢献する。

　私は、主任として前述した取組について、当事者意識をもって率先して実行し、円滑な業務運営に貢献する。

・私がチューターとして何をするのかも書く。

全体のまとめ、決意は必要ナシ。『主任級職選考における論文採点の基本的な考え方等について』人事委員会事務局（R2.6.26最新）を参照してください。

論 文 添 削 票

採点のポイント						
問題意識	問題（理想と現実のギャップ）を理解しているか	10	⑧	6	4	2
	問題の背景をとらえているか	10	⑧	6	4	2
	問題の原因を的確にとらえているか	10	8	⑥	4	2
	問題点と解決策の整合性はあるか	10	⑧	6	4	2
論理性	問題解決の実証性はあるか	10	⑧	6	4	2
	解決策は現実的、具体的か	10	⑧	6	4	2
表現力	文章は分かりやすいか	⑩	8	6	4	2
	誤字や脱字等のミスはないか	10	⑧	6	4	2
積極性	主任職の立場から論じているか	10	⑧	6	4	2
	自ら解決する意気込みが感じられるか	10	⑧	6	4	2

AI、AII類共通

得点 **80** 点	極めて優秀 90点以上	ほぼ合格圏 70〜89点	もう一工夫が必要 50〜69点	相当の努力が必要 50点未満

講評

　全体の流れはだいたいこれで良いです。しかし（1）内に解決策を書いています。

　（1）では事例内で発生している問題点について、なるべく書き込むようにしましょう。特に上司からの指示は必ず書き込みましょう。

142

【主任級職選考 AI 類、AII 類 共通論文】

練習問題 5

・下記の事例と資料を分析し、次の（1）、（2）に分けて述べてください。

A局のB部に属する、C管理所は、区部南部に位置し、A局が所管する土地、建物等の施設管理を行っている。C管理所は、所長以下10人で組織されており、管理担当が所の庶務と予算、企画、占用許可、使用許可を、管財担当が土地、施設の維持管理、苦情処理、対外折衝を行っている。あなたは、局間交流でC管理所に、管理担当の主任として本年4月に配属された。今年度は、あなたの他に担当2年目のD課長代理、許可申請ベテランのE主任、担当3年目のF主任、新規採用のG主事が管理担当となっている。

C管理所では、テレワークが導入され、当番制の出勤体制により業務を行っている。E主任は、コロナ対策の応援業務で今月から2か月の予定で他の局へ出張扱いとなっている。

占用許可、使用許可申請は、1年単位のものが多く、毎年度当初に向けて申請が集中する。C管理所では、一昨年までは、都民向けに「更新申請のおねがい」の説明書を配布し、説明会も実施していたが、昨年度はホームページ上の説明にとどまっていた。

C管理所では、新年度からの占用許可、使用許可申請のペーパーレス化が行われる予定で、その準備作業に掛かりきりになり、その他の業務は時間外でこなすこととなり超過勤務が経常化している。あなたは、庶務担当のD課長代理から新年度からの許可申請の担当に指名され、ペーパーレス申請対応、「新しい日常」対応の説明会の検討をF主任と進めることになった。

所長から「許可申請のペーパーレス化は、局の重要事項であり、財産管理システムを含め、B部企画調整担当と調整を図ること。また、テレワークにより対面でのコミュニケーションがとりづらい状況にある。職場内での仕事の進め方についても見直しを行うように。」とD課長代理とあなたに指示があった。

(1) 設問の職場において、業務を円滑に進めていく上の課題について、簡潔に述べてください。

（300字以上500字程度）

(2) （1）を踏まえ、上記事例の職場において、あなたは、どのように準備を進め、許可手続を進めていくか、主任に期待される役割を踏まえ、具体的に述べてください。

（1,200字以上1,500字程度）

AI 類、AII 類 共通　練習問題 5　資料 1

A局の組織図

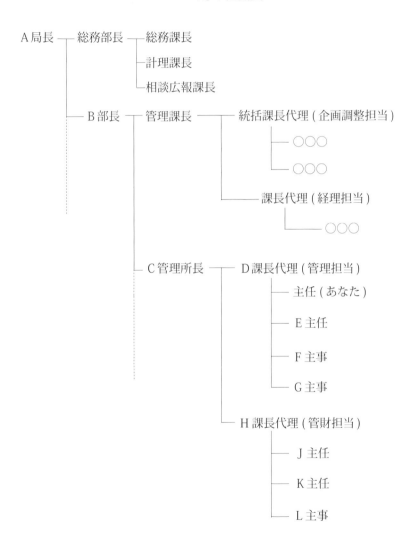

AI 類、AII 類 共通　練習問題 5　資料 2

管理担当　業務分担表

◎主担　　○副担

業務項目	D課長代理	あなた(主任)	E主任	F主任	G主事
担当事務総括	◎				
本庁との連絡調整	◎	○			
関係団体との連絡調整	◎	○			
予算執行管理	◎	○			
庶務事務	○	◎			
統計事務	○	◎			
申請事務			◎	○	
住民対応			◎	○	
検収業務				○	◎
物品管理				○	◎
IT リーダー				◎	○
ペーパーレス申請対応		◎		○	
財産管理システム対応			◎	○	○

AI 類、AII 類 共通　練習問題 5　資料 3

管理担当　出勤体制表 (○が出勤日)

出勤曜日	D課長代理	あなた(主任)	E主任	F主任	G主事
月曜日	テレワーク	○	応援	○	テレワーク
火曜日	○	テレワーク	応援	テレワーク	○
水曜日	テレワーク	○	応援	○	テレワーク
木曜日	○	○	応援	テレワーク	○
金曜日	○	テレワーク	応援	○	○

主任級職選考 AI 類、AII 類 共通論文　練習問題 5
合格者が書いた論文 [論文例 5-1]

90点

AI, AII 類共通

課題

（ 1 ）　設問の職場において、業務を円滑に進めていくうえでの課題について、簡潔に述べてください。

（300 字以上 500 字程度）

（ 1 ）

　事例の職場において、業務を円滑に進めていく上での課題は、以下の 3 点である。

　第一に、許可申請のペーパーレス化について、都民への情報提供が不十分なことである。事例の職場では、新年度から許可申請方法の変更が予定されており、局長から局の重要事項として取り組むよう指示があった。しかし未だ都民へ説明会が開催されていない。このままでは毎年度当初に集中する申請がスムーズに行われず、都民の信頼を失墜してしまう。

・所長からの指示では？

・一般論との記載がありましたが本文に書いてありました。

・この職場ではどのような問題が起こるのか具体的に書く。

　第二に、G 主事のフォローが不足していることである。事例の職場ではペーパーレス化の準備に追われ、超過勤務が経常化している。しかし、テレワーク導入下で、業務未経験の G 主事を早期戦力として育成するための検討が十分にされていない。このままでは、業務能率が低下し、超過勤務を削減できない。

　第三に、管理担当内のコミュニケーションが不足していることである。事例の職場では資料３のとおり当番制の出勤体制となっており、職員が一堂に会する機会がなく、職員同士の繋がりが希薄となっている。さらにＥ主任はコロナ応援のため不在であり、ベテラン職員との交流がない。このままでは職員間の連携が十分に図れず、円滑な業務運営ができない。

・ここは、所長から「職場内での仕事の進め方について見直そう」指示があったことを書く。

課題解決

（2）（1）を踏まえ、上記事例の職場において、あなたは、どのように準備を進め、許可手続を進めていくか、主任に期待される役割を踏まえ、具体的に述べてください。

（1,200 字以上 1,500 字程度）

（2）

　事例の職場において、前述の課題を解決するために、私は以下の３点に取り組んでいく。

1. 都民への許可申請方法の周知の徹底

　事例の職場では、新年度から許可申請方法の変更が予定されているが、都民への広報が不十分である。早急に都民へ周知を図り、システム変更が円滑に行われるよう準備を行う必要がある。

　まず私は、企画調整担当と管理担当合同の会議の開催を D 課長代理に提案する。

　初回の会議では、従来の申請システムから<u>ペーパーレス申請へ移行するにあたっての変更点を明確にする</u>。私はそれらを新旧対応表としてまとめ、一目で違いが分かるようにする。さらに、ペーパーレス申請の際に注意すべき項目や想定される質問について、Q&A 様式でまとめる。作成した新旧対応表とQ&A 集は D 課長代理、企画調整担当の確認後、ホームページへ掲載する。

　さらに、都民への説明会の開催を D 課長代理に提案する。説明会はオンラインで行い、新しい日常に対応した開催方法とする。説明会ではホームペー

（2）の部分特に直すところはありません。

・システムも含め事前に本局と調整するとベター

AI、AII 類共通

ジに掲載した新旧対応表とQ&A集について案内し、都民の理解を深めていく。←

・これにメールでの問い合わせを加えればベター

　以上の取組により、都民へ必要な情報が確実に伝達され、円滑な業務遂行が可能となる。

2. G主事の育成と出勤体制の見直し

　事例の職場では、新規採用職員が早期戦力となる仕組みが確立されていない。適事適切な指導や助言を行える環境整備が必要である。

　そこで私は、ペア制の強化をD課長代理に提案する。具体的には、私がG主事のインストラクターを務める。G主事が業務を行う際は、当面の間私と共同して取り組むことを徹底する。私が不在の時や対応できない時は、G主事と業務分担が重なっているF主任に協力を依頼する。このことにより、日常業務を通じて先輩職員の知識やスキルを直接継承することができる。

　さらに、出勤体制の調製をD課長代理に提案する。具体的には、月曜日と火曜日のD課長代理と私の出勤日を交代する。そうすることでG主事の出勤日に私かF主任が出勤し、G主事の相談に対面で乗ることが可能となる。

　以上の取組により、新規採用職員が早期に即戦力となり、組織力が向上する。ペア制が徹底され、チェック機能が働き、業務のミスや遅延を未然に防ぐことができる。

3. コミュニケーションの活性化

　事例の職場ではテレワークが導入され、職員間のコミュニケーションが図りづらい状況である。環境の変化に対応した連携体制の構築が必要である。

　そこで私は、週一回の管理担当内会議の開催をD課長代理に提案する。会議はウェブ会議とし、テレワークの職員でも参加できるようにする。会議は業務の進捗状況を報告する場とする。業務の遅れや不測の事態が発生した際は、全員で解決策を検討し、フォロー体制を組んでいく。必要に応じ、ベテランのE主任に相談し、これまでに培った経験に基づいたアドバイスを受け、業務に反映させる。

　会議は私が出勤している日時に開催し、私は会議の進行、画面の切替を行う。また、自ら積極的に発言することで職員の発言を促し、活発な意見交換ができる環境づくりを心掛ける。

　以上の取組により、職員間のコミュニケーションが活発となり、風通しのよい職場環境が醸成される。職場が活性化し、円滑な業務運営が可能となる。

　これら3点の取組により、私は主任として率先垂範の行動認識のもと、課題の解決に全力を注いでいく。

AI, AII 類共通

人事委員会事務局（R3.6.25最新）の文書により決意表明は評価の対象としないことになりました。トル。

論 文 添 削 票

採点のポイント						
問題意識	問題（理想と現実のギャップ）を理解しているか	10	⑧	6	4	2
	問題の背景をとらえているか	10	⑧	6	4	2
	問題の原因を的確にとらえているか	⑩	8	6	4	2
	問題点と解決策の整合性はあるか	⑩	8	6	4	2
論理性	問題解決の実証性はあるか	⑩	8	6	4	2
	解決策は現実的、具体的か	⑩	8	6	4	2
表現力	文章は分かりやすいか	⑩	8	6	4	2
	誤字や脱字等のミスはないか	10	⑧	6	4	2
積極性	主任職の立場から論じているか	10	⑧	6	4	2
	自ら解決する意気込みが感じられるか	10	⑧	6	4	2

得点 90 点	極めて優秀 ○ 90 点以上	ほぼ合格圏 70 ～ 89 点	もう一工夫が必要 50 ～ 69 点	相当の努力が必要 50 点未満

講評

全体としてたいへん良く書けています。

特に直すところはありません。

ただ（1）の部分ですが、問題点は本文中の用語を使いなるべく具体的に書くこと、上司の指示は可能な限り書き込むことが必要でしょう。

この論題では完成論文として別のモノにチャレンジしましょう。

主任級職選考 AI 類、AII 類 共通論文　練習問題 5

合格者が書いた論文［論文例 5-2］　**88**点

課題

（1）　設問の職場において、業務を円滑に進めていくうえでの課題について、簡潔に述べてください。

（300 字以上 500 字程度）

（1）

　事例の職場において、業務を円滑に進めていく上での課題は以下の 3 点である。

　第一に、状況に応じた業務遂行体制が整っていない点である。事例では、許可申請ベテランの E 職員が 2 ヶ月間他局に応援派遣となり、そのフォローが必要である。また、テレワークで担当職員が一堂に会する機会が無く、互いの業務状況の把握が難しくなっている。

　このままでは、係内で業務が適切に遂行されず、仕事が停滞するおそれがある。

　第二に、ペーパーレス申請に向けた準備で、業務が逼迫している点である。事例の職場では、職員が申請のペーパーレス化に向けた準備に追われ、超過勤務が常態化している。

　このままでは、職員が疲弊し、ペーパーレス化に向けた十分な検討や調整が行われず、問題が生じる

可能性がある。

　第三に、都民に向けた広報活動が不十分な点である。事例の職場では、昨年度、申請に関する都民への説明はホームページへの掲載のみであった。本年度は説明会の実施も検討されてはいるが、申請手続きが大きく変更となるため、都民への事前説明を一層強化しなければ、新年度に混乱が生じるおそれがある。

課題解決

（2）（1）を踏まえ、上記事例の職場において、あなたは、どのように準備を進め、許可手続を進めていくか、主任に期待される役割を踏まえ、具体的に述べてください。

（1,200字以上1,500字程度）

（2）

　前述の課題に対し、私は主任として積極的に以下の取組を推進する。

1　係内のサポート体制の構築

　人員が不足している中で係の業務を適切に遂行するためには、係員同士の臨機応変なサポートが重要である。

　そこで私は、E主任が不在の期間における業務分担の見直しをD代理に提案する。具体的には、E主任に不在中に対応が必要な業務を聴取して整理し、係会を開催して各自の繁忙期を確認した上で、副担当のF主任を中心に残された全員に仕事を振り分ける。

　次に、毎朝10分程度の朝会を係内で開催を提案する。朝会は、テレワークでも参加できるようオンラインでの開催とし、進捗状況の報告や課題の共有を行い、互いにアドバイスを行う。私は、係員の業務の進捗に遅れが見受けられた場合は、分担の見直しやサポート体制を迅速に検討し、D代理に提案する。

　さらに私は、テレワーク下においても日頃からメールやチャット機能を活用し、同僚に対して情報

提供や業務状況の確認を積極的に行う。

以上の取組により、組織内の風通しがよくなり、互いに協力して業務を一丸となって遂行する組織風土の醸成につながる。

2　関係者間の連携体制の構築

職員の超過勤務を削減し、かつペーパーレス化に向けた十分な準備作業を行うためには、関係者が効果的に連携する必要がある。

そこで私は、ペーパーレス申請に関係する局内関係者会議の開催をD代理に提案する。会議は月2回、オンラインで開催することとし、ペーパーレス申請に向けた業務スケジュールや課題を共有する。

また、併せて進捗管理表を作成し、関係者がアクセスできる共有フォルダに格納し、定期的な更新を依頼する。進捗に遅れが見受けられたり、懸念事項が発生したりした場合は、前述の関係者会議で解決策の検討や必要な調整を迅速に行う。

さらに、ペーパーレス申請の踏み込んだ検討を行うため、所内PTの立ち上げをD代理に提案し、関係者に参加を依頼する。私は、局内外の前例を調査してPTで情報提供し、活発な意見交換につなげる。また、PTで扱った資料や作成した議事録は所内で共有し、アイデアや意見を随時受け付けて検討材料にする。

以上の取組により、ペーパーレス化に向けた十分

な局内調整と踏み込んだ検討が実現する。

3　都民への情報発信の強化

　ペーパーレス申請への移行を円滑に実現するには、都民への事前周知を徹底する必要がある。

　そこで私は、公式ホームページや地域広報誌等の媒体を活用したオンライン申請に関する情報発信をD代理に提案する。私は、制度変更の趣旨や手続方法、Q&Aをまとめた資料を作成し、D代理に確認を得る。作成にあたっては、図表を入れたり、専門用語を避けそ分かりやすい表現を用いたりして、都民がすぐ理解できる内容にする。そして、C所長の了承を得た上で、本庁の広報部門と調整し前述の媒体に掲載する。

　また、より多くの都民に情報が届くように、Twitter等の公式SNSアカウントを活用した周知も併せて調整の上で実施する。具体的には、オンライン申請の概要と公式ホームページの該当ページのリンクを掲載して情報発信する。

　さらに、「新しい日常」に対応し、事前説明会はオンラインで開催することを提案し、D代理とC所長の了承を得る。説明会時の動画と参加者からの質疑応答の記録は、後日ホームページにも掲載する。

　以上の取組により、新制度に対する都民の事前理解が促進されて円滑な制度移行が可能となり、都民からの信頼獲得につながる。

　私は~~事例の職場において、~~上記対策に全力で取り組み、厳しい状況下においても業務を完遂できる体制づくりに誠心誠意努める覚悟である。

論　文　添　削　票

採点のポイント						
問題意識	問題（理想と現実のギャップ）を理解しているか	⑩	8	6	4	2
	問題の背景をとらえているか	⑩	8	6	4	2
	問題の原因を的確にとらえているか	10	⑧	6	4	2
	問題点と解決策の整合性はあるか	10	⑧	6	4	2
論理性	問題解決の実証性はあるか	10	⑧	6	4	2
	解決策は現実的、具体的か	10	⑧	6	4	2
表現力	文章は分かりやすいか	10	⑧	6	4	2
	誤字や脱字等のミスはないか	10	⑧	6	4	2
積極性	主任職の立場から論じているか	⑩	8	6	4	2
	自ら解決する意気込みが感じられるか	⑩	8	6	4	2

得点　88　点	極めて優秀 90 点以上	◯ほぼ合格圏 70 ～ 89 点	もう一工夫が必要 50 ～ 69 点	相当の努力が必要 50 点未満

講評

良く書けています。

文のつながりに注意するとともに、適切な言葉を選択、不要な表現を省略し、完成論文に仕上げてください。

頑張ってください。

主任級職選考 AI 類、AII 類 共通論文　練習問題 5
合格者が書いた論文 ［論文例 5-3］ 82点

> **課題**
>
> （1）　設問の職場において、業務を円滑に進めていくうえでの課題について、簡潔に述べてください。
>
> （300 字以上 500 字程度）

（1）

　設問の職場において、業務を円滑に進めていくうえでの課題は以下の 3 点である。

　第一に、応援対応により業務に偏りが生じている点である。設問の職場では、コロナ対策の応援業務で E 主任が 2 ヶ月間不在となる。現状、E が不在であることを踏まえた業務分担になっておらず、このままでは、特定の職員に業務が集中し滞る恐れがある。

　第二に、事業者への広報が不足している点である。設問の職場では、一昨年まで更新申請の説明書の配布及び説明会を行っていたが、昨年度はホームページ上の説明にとどまった。その結果、超過勤務が経常化し、~~ている。そのため、~~業務が非効率なものとなるだけでなく都民サービスの低下にもつながっている。

　第三に、新業務への対応が不十分な点である。ペーパーレス申請への対応、「新しい日常」に対応した

説明会の検討を行うよう、D課長代理から指示があったが、まだ始めたばかりである。対面でのコミュニケーションがとりづらい状況下で、現業務に加えそ新業務への対応がままならないとさらに超過勤務が増える可能性がある。

を

（1）は良く書けています。

AI、AII 類共通

160

課題解決

（2）（1）を踏まえ、上記事例の職場において、あなたは、どのように準備を進め、許可手続を進めていくか、主任に期待される役割を踏まえ、具体的に述べてください。

（1,200字以上 1,500字程度）

（2）

前述の課題解決に向け、説明の職場において、私は主任として以下の3点に取り組む。

1. 担当内の業務の平準化

E主任が不在の中、特定職員への負担の集中や業務の滞りが発生しないようにしなければならない。

そこでまず私は、業務分担の見直しをD課長代理に提案する。見直しにあたっては、全業務を洗い出して全体像を把握し、職員の経験や得意分野等を考慮して業務を割り振る。

特に、E主任が担当していた業務は、許可申請など住民対応が主であったため、これまで同様のレベルのサービスを提供できるよう私が主担で全員を副担とし、出勤日数が限られた中でも適切に対応できるようにする。

次に私は、毎朝10分程度のWebミーティングの実施をD課長代理に提案する。この場では、許可申請業務にあたっての疑問点や引継事項の共有を行い、新規採用のG主事であっても業務を進められるような仕組みをつくる。

これにより、許可申請対応は全員で行えるように

なり、特定職員に負担がかかることなく円滑に業務を進められる。

2. 情報発信の強化

　設問の職場では、占用・使用許可申請についての情報発信が不足していることが、超過勤務が経常化している一因となっている。

　そこで私は、現在のホームページの情報を強化していく。具体的には、申請に関する情報だけを掲載するのではなく、これまでに相談の多かった内容をQ&A方式で追加することで、誰もが理解しやすい形にし、問い合わせの数を減少させる。また、即時性・拡散性のあるSNSといった新しい情報発信ツールも活用し周知を幅広く行う。

　さらに、「新しい日常」に対応した説明会については、オンラインによる開催の検討を行う。検討にあたっては本庁の担当部署と打ち合わせを行い、その中で出された課題については、他部や他局から同様の事例を収集し解決を図る。

　一連の取組により、問い合わせ数が減り超過勤務も減少する。また、都民に対してもサービスの向上が図られるとともにコロナ対策が徹底されることで信頼度の上昇につながる。

3. 新業務の進行管理

　新業務に対応するにあたり、予定通り作業が進んでいるか定期的に把握できる組織的な進行管理が必

162

要である。

　許可申請のペーパーレス化に向け、私は業務の全体像の把握と<u>進行管理表</u>を用いたスケジューリングを進める。具体的にはまず、他の事例などを参考にペーパーレス化に必要な業務、時間、予算等を明確化する。そのうえで×C管理所とB部企画調整担当<del>の</del>役割分担を明確にする<del>ため、B部担当者と打ち合</del>
（と打ち合わせを行い、
<del>わせを行う。</del>

　次に私は、所の共有フォルダ内に<u>進行管理表</u>を作成する。<del>作成の際は、</del>作業の終了目標年月を設定<del>し</del>、
（表では　　　　　　　　　　　　するとともに（
そこから逆算して私とF主任が行うべき業務を記載
（詳細に（
し更新していく<del>ようにする</del>。また、業務が停滞しないよう、×当日及び翌日の作業内容を入力する欄を設
（も
け、一日一回確認を行うことで、どちらかがテレワークでも連携のとれた進行管理を目指す。
　（中
　これらの取組により、他業務がある中でも局の重要事項であるペーパーレス化を計画的に進められるようにする。
　（な

・3の解決策については、きちんと文章が流れているか、一度整理してください。

・進行管理表は同じものですか？

論 文 添 削 票

採点のポイント						
問題意識	問題（理想と現実のギャップ）を理解しているか	⑩	8	6	4	2
	問題の背景をとらえているか	⑩	8	6	4	2
	問題の原因を的確にとらえているか	10	⑧	6	4	2
	問題点と解決策の整合性はあるか	10	⑧	6	4	2
論理性	問題解決の実証性はあるか	10	⑧	6	4	2
	解決策は現実的、具体的か	10	⑧	6	4	2
表現力	文章は分かりやすいか	10	8	⑥	4	2
	誤字や脱字等のミスはないか	10	⑧	6	4	2
積極性	主任職の立場から論じているか	10	⑧	6	4	2
	自ら解決する意気込みが感じられるか	10	⑧	6	4	2

AI、AII 類共通

得点	**82** 点	極めて優秀 90 点以上	ほぼ合格圏 70 〜 89 点	もう一工夫 が必要 50 〜 69 点	相当の努力 が必要 50 点未満

講評

　概ね書けています。

　特に、課題と解決策の対応、解決策の充実に注意し、一度整理し
てみてください。

　頑張ってください。

主任級職選考

AII 類

論文

【主任級職選考 AⅡ 類 論文】

練習問題 1

都又はあなたの局の事業に関して、次の（1）、（2）に分けて述べてください。

（1） あなたが特に重要と考える都又はあなたの局の課題を1つ挙げ、その理由を述べてください。　　　　　（300字以上500字程度）

（2）（1）を踏まえ、今後どのような取組が必要か、税金の効率的活用や、職員のライフワークバランスの推進という視点にも触れながら、あなたの考えを述べてください。　　（1,200字以上1,500字程度）

主任級職選考 AII 類論文　練習問題 1
合格者が書いた論文 ［論文例］

74点

> ### 課題
>
> （1）　あなたが特に重要と考える都又はあなたの局の課題を 1 つ挙げ、その理由を述べてください。
>
> （300 字以上 500 字程度）

（1）

　私が特に重要と考える都の課題は、認知症対策である。その理由は、超高齢社会の到来に伴い、認知症高齢者が急増する中、都民の安心・安全を確保する必要があるからである。

　現在、都内の認知症の人は 41 万人を超え、65 歳以上人口の約 13. 8 ％が認知症の症状を有している。また、低所得の単身又は夫婦のみの高齢者世帯の増加により、社会とのつながりが希薄化し適切なサービスや治療が受けられないことによる認知症症状の進行、孤独死、介護疲れを理由とする殺人や自殺などの問題も懸念されている。

　これまで都は、東京都認知症対策推進会議を中心として、地域づくりや医療、介護等について様々な角度から認知症対策を検討し着実に推進してきた。

　しかし、団塊世代全員が後期高齢者となる 2025年や団塊ジュニア世代が高齢者となる 2035 年をひ

・数字は 1 マス 2 文字

・どのくらい発生しているのか数字を入れて書くとベター

・この年が認知症と直接関係するのか？

かえ認知症人口の一層の増加が見込まれる中、都民が、安心・安全に過ごせる東京を実現するためにも、認知症対策の更なる推進は、都に課せられた喫緊の課題である。

取組

（２）（１）を踏まえ、今後どのような取組が必要か、税金の効率的活
用や、職員のライフワークバランスの推進という視点にも触れながら、
あなたの考えを述べてください。　　　（1,200字以上1,500字程度）

（２）

　認知症人口が急増する中、都民の安全と安心を確
保するため、私は以下の３点の取組が必要と考える。

　第一に、安心して住み続けられる住まいの確保で
ある。高齢者の増加とともに、特別養護老人ホーム
や認知症グループホームの需要が更に高まると考え
られるが、自治体の多くが用地や介護人材の確保な
ど多くの課題を抱えている。これまでも都は、こう
した施設整備に向けて対応を行ってきたが、さらに、
財政負担軽減の観点からも、空いている民間賃貸住
宅など既存ストックを最大限に活用することが必要
である。

　そこで、まず、住居支援法人制度を拡充させる。
現行では、都が指定した住居支援法人は、高齢者や
低所得者等が民間賃貸住宅に入居する場合、入居者
の見守りや家賃を保証する役割を担う。これに加え
て軽度認知症の居住者に対して、生活支援や地域包
括支援センター、医療機関への連絡、送迎などのサー
ビスを行った場合に都が住宅支援法人に対して、補
助金を出し、認知症居住者に対する居住支援を充実
させる。

AⅡ類

・都ではどうかを書く
・「そこで〜」以前は問
題点を書く。既存ストッ
クが「十分活用されて
いない」ことを書く。

・「そこで〜」以前は問
題点、以後は解決策を
書く。

・「見守り」や「家賃保証」
ができてないことを書
く。

・問題点で住民同士の相
互支援ができていない
ことを書く。

　また、<u>住民同士の相互支援のためのモデル事業を実施する。</u>具体的には、区市町村や不動産業者、管理組合などからなる会議を立ち上げ、マンションの一室を利用したカフェや買い物代行、ネット診療など認知症の人が自宅で生活する上で必要な支援と近隣居住者が手伝う際の課題を検討する。~~必要な支援については、規制緩和も含めた実現可能な方法を都や市町村の関係部署と広く検討し指針を作る。その上で、民間企業のアイデアも取り入れながら、指針に基づいた事業を普及させることで、認知症の人が近隣居住者の支援を受けながら可能な限り自立して生活できる住まいを実現していく。~~

・カット

　第二に、質の高い医療と介護の実現である。

　認知症の人の生活の質を確保し、介護者の負担を減らすためには認知症の進行をできる限り抑え、自立できる状態を保つことが必要である。都はこれまで、医師会と連携した認知症サポート医の養成や、認知症支援推進センターを中心とした医療、介護従事者に対する研修を実施し、認知症の早期発見や症状に合わせた適切な<u>医療介護体制の確保を推進してきた。</u>

・「推進してきた」が不十分なのか、全くできていないのか、具体的に足りないことを書く。それを、「そこで〜」以後の解決策につなげる
・「そこで〜」以前を問題点、以後を解決策とする。

　~~今後は、さらに、~~東京都医学総合研究所と協働し、
（そこで）
認知症の症状が改善した最新研究を基にした「認知症ケアプログラム」を作り、多職種が集まる上記の研修会の場で普及させていく。普及にあたっては、介護職員が、認知症ケアに専念できるよう、ケアプ

・都が行政として何をやるのかはっきりさせる。

ランの作成等におけるＡＩ（人工知能）の導入補助や、都と区市町村間で違う書類フォーマットの統一により現場で負担となっている書類作成事務を軽減する。さらに、認知症症状の改善に積極的な医療機関や介護事業所に対しては、補助金の上乗せによりインセンティブを持たせ医療や介護の質の更なる向上を図る。

第三に、都民への認知症に関する普及啓発である。認知症の人やその家族を地域全体で支えていくためには、都民全員が認知症に対する正しい知識を持つことが必要である。都は、これまで、ポータルサイトやパンフレットを作成し普及啓発を行ってきた。

~~今後は~~そこで、より多くの都民が認知症を身近なものとして考えてもらうために、各年齢層ごとに細分化した認知症の予防方法や資産活用や整理などの将来の備えなどをホームページ等で発信していく。加えて、事業者の登録制度を創設する。この制度では、従業員の認知症サポーター研修の受講状況や、認知症の介護のための柔軟な勤務制度、認知症の人に対する支援事業の実施などを評価の対象とし、登録した事業者を、認知症にやさしい事業者として都のホームページなどで広く公表する。都でも、職員の認知症サポーターの研修受講やテレワークを促進し、働きながら認知症家族の介護を行う職員に対する負担を軽減し、認知症にやさしい組織を作っていく。

・都民が認知症に対する正しい知識を持っていないことを具体的に書く。

・ホームページだけでなく区市町村の窓口や学校など身近なセクターで発信することを考える。

・介護休暇とか、介護保険からの支出などもっと幅広く書く。

論　文　添　削　票

採点のポイント						
問題意識	問題（理想と現実のギャップ）を理解しているか	10	8	(6)	4	2
	問題の背景をとらえているか	10	(8)	6	4	2
	問題の原因を的確にとらえているか	10	(8)	6	4	2
	問題点と解決策の整合性はあるか	10	8	(6)	4	2
論理性	問題解決の実証性はあるか	10	(8)	6	4	2
	解決策は現実的、具体的か	10	(8)	6	4	2
表現力	文章は分かりやすいか	10	8	(6)	4	2
	誤字や脱字等のミスはないか	10	(8)	6	4	2
積極性	主任職の立場から論じているか	10	(8)	6	4	2
	自ら解決する意気込みが感じられるか	10	(8)	6	4	2

得点　74　点	極めて優秀 90点以上	(ほぼ合格圏 70～89点)	もう一工夫が必要 50～69点	相当の努力が必要 50点未満

講評

全体としては良く書けています。

しかし（2）の部分の型式が良くありません。全体で1,500字ですから、きちんとリード3行　問題点（8～10行）、解決策（14～16行）×3を守りましょう。行数配分を念頭に置かないと論文にはなりません。

【主任級職選考 AII 類 論文】

練習問題2

　都又はあなたの局の事業に関して、次の（1）、（2）に分けて述べて
ください。

（1）　あなたが特に重要と考える都又はあなたの局の課題を1つ挙げ、
　　その理由を述べてください。　　　　　　　（300字以上500字程度）

（2）　（1）を踏まえ、今後どのような取組が必要か、都民の期待に応
　　える都政という視点にも触れながら、あなたの考えを述べてください。
　　　　　　　　　　　　　　　　　　　　（1,200字以上1,500字程度）

AII 類

主任級職選考 AII 類論文　練習問題2
合格者が書いた論文 ［論文例］

80点

課題

（1）　あなたが特に重要と考える都又はあなたの局の課題を1つ挙げ、その理由を述べてください。

（300字以上500字程度）

1．モチベーションの高い職場づくりの重要性

　医療技術の進歩や高齢化による疾病構造の変化により、生活習慣病や認知症といった複数の疾患を有する患者が多くなっている。そのため、診療科の垣根を越えた集学的医療や低侵襲な検査や治療が必要となり、医療現場は高度化、複雑化している。また、2040年には、さらに高齢化が進み、都民の3人に1人が75歳以上となり、高度な医療需要は高まると予測されている。

　このような状況において、都立病院には、質的量的に変化するニーズに対応できる高水準で専門性の高い医療が求められている。現場において、直接患者に接し医療を提供しているのは、各職場の一人ひとりである。都民の期待に応えていくには、組織の最小単位である各個人が都立病院の役割を意識し、質の高い医療を日々実践することが不可欠である。そのために、職員が能力を最大限に発揮して生き生

・医療現場の高度化、複雑化
　高まる医療水準及び専門性など

・1と2の見出しが似たようなものとなっているので工夫してください。

・一般化された言葉ですか。

・上記でも構わないと思いますが
　第1の解決策
　第2の解決策
　第3の解決策
に対する課題を整理すれば、より文章が分かりやすく鮮明になります。

　第一に〜が不十分である
　第二に〜が不足、欠けている
　第三に未だ〜ない
など

きと働いていくことができるモチベーションの高い
職場づくりが重要である。

取組

（2）（1）を踏まえ、今後どのような取組が必要か、都民の期待に応える都政という視点にも触れながら、あなたの考えを述べてください。

（1,200字以上1,500字程度）

2. モチベーションの高い職場づくり~~のために~~

　私は東京都の主任として、モチベーションの高い職場づくりのため、次の3点について重点的な取組みを進めていく。

　第一に、何でも話し合い、協力して職務にあたる職場風土を作る。多様化、複雑化するニーズに対応するには、一人の職員の力では難しく、チームとして~~協力~~していくことが重要である。しかし、日々の業務においては個人単位での作業が多く、お互いの状況が見えにくく十分な協力体制がとれているとは言えない現状がある。そこで、日頃から声かけを行い、話しやすい、相談しやすい雰囲気を心がけ、同僚や後輩が困っている時には、アドバイスを行う。また、カンファレンスの場では、発言しやすいよう全員に意見を求め、各職員の意見が尊重されるようにする。そして、業務量が偏り負担が増大している場合は、師長と相談の上、適正公平な業務量になるよう配慮し、他の職員と共にサポートする。これらの取組みを進め、コミュニケーションを促進し、協力体制を整えることにより、一体感を強めモチベーションを高めていく。

・第1の解決策が少し長いので工夫してください。
業務目標を達成する　業務の意義・目的を踏まえて　整理が必要です
他と比べ解決策が少ないように感じます

　第二に、業務の目的意識を職員全員で共有化する。業務の意義や目的を意識せず、ただ日々の業務をこなすだけになっている職員も一部いる現状がある。それでは何のために仕事をしているのか不明で、やりがいが感じられずモチベーションが下がってしまう。そこで、各業務についての意義や目的を明確化、明大化した上で、係内のミーティングで共有化する。さらに、定期的に業務の目的意識やその達成のための目標、取組みの進捗管理を全員で確認する。また、明文化したマニュアルや目標への取組みの進捗状況が閲覧しやすいようにし、持続的に共有化できるようにする。これらの取組みにより、職員が目的意識を持ち、一致団結して業務にあたることができるようにする。

　第三に、高度化、複雑化する医療ニーズに対応するため、各職員の能力開発に取り組む。各職場が、専門性が高く、良質な医療を提供し都民のニーズに対応できていることは、職員のやりがいになりモチベーションも上がる。また、この職場でさらに専門性を高めたいという意欲の向上にもつながる。これまでも職員の育成のために様々な取組みがなされてきた。しかし、地域医療の変革の過渡期である今、患者のニーズを踏まえた取組みが必要である。そこでまず、自部署で必要とされる知識や技術を獲得するためのOJTの開催や、研修への参加を促進させる。

　また、自分自身も常に最新の医療情報に関心を持ち、研修に参加して、各職員のロールモデルとなるよう自己研鑽に努める。

　高度化、複雑化する医療ニーズに応え、高水準で専門性の高い医療を提供していくには、職員一人ひとりの日々の業務への取組みが重要である。私は、東京都の主任として、各職員が良好なコミュニケーションを保ち、目的意識を共有し、主体的に学び働こうとするモチベーションの高い職場づくりに取組んでいく。

論 文 添 削 票

採点のポイント						
問題意識	問題（理想と現実のギャップ）を理解しているか	10	[8]	6	4	2
	問題の背景をとらえているか	10	[8]	6	4	2
	問題の原因を的確にとらえているか	10	[8]	6	4	2
	問題点と解決策の整合性はあるか	10	[8]	6	4	2
論理性	問題解決の実証性はあるか	10	[8]	6	4	2
	解決策は現実的、具体的か	10	[8]	6	4	2
表現力	文章は分かりやすいか	10	[8]	6	4	2
	誤字や脱字等のミスはないか	10	[8]	6	4	2
積極性	主任職の立場から論じているか	10	[8]	6	4	2
	自ら解決する意気込みが感じられるか	10	[8]	6	4	2

得点 80 点	極めて優秀 90点以上	ほぼ合格圏 70～89点	もう一工夫が必要 50～69点	相当の努力が必要 50点未満

講評

良く書けています。

1　全体として文章が流れているか、文がつながっているか。

2　主語と述語はきちんと対応しているか。

3　同じ言葉や表現を繰り返し使っていないか。

4　課題と解決策はきちんと対応しているか、解決策にダブりはないか。

等の点に特に留意して推敲を重ねてください。頑張ってください。

【主任級職選考 AII 類 論文】

練習問題3

都又はあなたの局の事業に関して、次の（1）、（2）に分けて述べてください。

（1） あなたが特に重要と考える都又はあなたの局の課題を1つ挙げ、その理由を述べてください。　　　　　　　（300字以上500字程度）

（2） （1）を踏まえ、今後どのような取組が必要か、都民に信頼される都政の実現や組織間の連携の推進という視点にも触れながら、あなたの考えを述べてください。　　　　　　（1,200字以上1,500字程度）

主任級職選考 AII 類論文　練習問題 3
合格者が書いた論文［論文例］

82点

課題

（1）　あなたが特に重要と考える都又はあなたの局の課題を 1 つ挙げ、
　　　その理由を述べてください。

（300 字以上 500 字程度）

（1）

　私は、食の安全・安心の確保、特に意図的混入に
よる食品テロ事件対策の推進が~~福祉保健局の重要な~~
に向け、次の 3 点
課題であると考える。

　近年、メディアによって、食品中に残留する有害
物による健康危害が問題として取り上げられ、世間
の注目を集めている。中でも、国民生活センターに
寄せられた、健康被害を伴う食品への異物混入相談
件数は、平成 21 年度からの 6 年間で~~3,191 件~~にの
3 千件以上
ぼっている。この現状から、意図的混入事件を想定
した安全対策の推進が急務である。

　都はこれまで、東京都食品安全推進計画を策定
し、重点施策として事件発生時の緊急対応策をまと
め、健康危機管理体制の整備を充実させてきた。し
かし、農薬混入事件のような意図的事件は度々発生
しており、その都度保健所への問合せや食品検査の
依頼が殺到し、都民の不安を招いている。また、東

第一に、事件発生時の初
動体制が確立されていな
いことである。

第二に、食品事業者間
に安全対策意識が普及
していないことである。

第三に、都民や関係者
に対する情報伝達網が
整備されていないこと
である。

京2020大会の開催を見据えると、食品の大量需要により都内の食品流通量が増加及び多様化し、事件の発生リスクの増大が懸念される。

そこで、緊急・突発的に生じる意図的混入事件に対し、危害の未然及び拡大防止策をより一層推進し、食の安全・安心を実現することが喫緊の課題である。

○書き方として、主要テーマ（この場合は「食品テロ事件対策の推進」でしょうか）があり、
そのために

1の課題 2の課題 3の課題	があり	1に対する解決策 2 〃 3 〃
（1）で取り上げる		（2）で取り上げる

という書き方になるように工夫してください

（2）で述べる解決策に対応した課題を上げるようにしてください

（2）の解決策から想定すると課題は
　1　事件発生時の初動体制が確立されていないこと
　2　食品事業者間に安全対策意識が普及していないこと
　3　情報伝達網が整備されていないこと
が挙げられます。現状はどうなっているのかを踏まえつつこれに添って（1）の部分を書き直してみてください。

　1の課題　・有害物による健康危害は問題が大きい
　　　　　　・異物混入相談件数は相当数に上っている
　2の課題　・食品流通量の増加、多様化
　　　　　　・事件発生リスクの増大　事業者の意識はどうなっているか
　3の課題　・保健所への問い合わせや食品の検査依頼が殺到
　　　　　　・都民の不安

（2）（1）を踏まえ、今後どのような取組が必要か、税金の効率的活
　　用や、職員のライフワークバランスの推進という視点にも触れながら、
　　あなたの考えを述べてください。

（1,200 字以上 1,500 字程度）

（2）

　食品への意図的混入事件に的確に対応し、食の安
全・安心を確保するためには、以下の３つの取組が
必要である。

　~~一　事件発生時の初動体制の整備~~へ
　第1に、　　　　　　　　　を　　することである。
　平成 26 年に国が公表した食品への意図的混入事
件に関する報告書では、初動体制の確保の重要性が
明記されている。事件発生時の混乱を防ぐには、平
時から危機管理意識をもち、初動対応力の基盤を構
築する必要がある。都はこれまで、食品衛生監視員
を対象に、シミュレーションによる危機管理訓練を
行ってきた。~~しかし、この訓練に~~意図的混入事件は
　　　　　　　　　　　　　　が、
想定されていない。

　そこで、事件発生時を想定した~~実地的な~~模擬訓練
　　　　　　　　　　　　　　　　実地
を定期的に実施する。参加対象には食品衛生監視員
だけでなく、苦情受付や検査担当等、初動対応を行
う関連部署の職員を加え、円滑に連携が取れる体制
を整える。訓練では、毎回実例をもとに具体的な事
例を設定し、各職員が協力して初動対応の確認を行
テーマ
う。訓練後は事後評価を実施し、緊急時の対応マニュ

アルの作成につなげる。模擬訓練と振り返りを定期
的に行うことにより、初動体制の不断の検証とマ
ニュアルの見直しを促進する。こうした取組により、
初動体制の無駄を省き、迅速かつ的確に被害の拡大
防止と事態の収束を図る体制を構築することができ
る。

2. 食品事業者の安全対策意識の向上
　都政モニターアンケートによると、食品の安全性
を高める有効な対策として、食品事業者の自主管理
の強化が上位にあがっている。都は従来、食中毒対
策のような衛生管理の取組を重点的に進めてきた。
しかし、意図的混入事件では人為的な悪意が加わる
ため、食品衛生の取組だけでは対応しきれず、食品
テロ対策の推進が重要となる。
　そこで、食品への意図的混入を防ぐ「食品防御」
という概念を食品事業者に普及・啓発する。食品防
御の考えは、特に中小事業者での導入が進まず課題
となっている。そのため、地域ごとの商工会と協力
し、中小事業者向けに食品防御の説明会イベントを
開催する。会では、国の食品防御対策ガイドライン
を解説し、事業者の実情に応じて対応可能な箇所か
らの対策を勧め、導入のハードルを下げる。また、
積極的に対策に取り組む事業者には、都が「食品防
御マイスター」の認証を行い、事業者の取組を促進
する。こうした取組により、食品事業者の危機管理

（欄外注）
・同じ表現を繰り返すと文章が洗練されていないと見られるので、避けてください。

（書き込み・修正指示）
評価／適時適切／推／事件発生時／な動き／第2に、／を させることである。／げられ／が、／作／ない。／について／説明／より／を対象に／導入

意識を向上させ、意図的混入事件の未然防止対策を強化する。

3. 迅速性を考慮した確実な情報伝達へ

第3に、 かつ 網を整備することである。

事件発生時には相談窓口である保健所への問合せが増加し、混乱が生じることが予想される。被害拡大を防止するには、一刻も早く、正確な情報を多くの大に伝える必要がある。

都民や関係者

そこで、公式LINEやツイッター等のSNSを用いた情報伝達網を整備する。平成29年に公表された国の情報通信白書によると、SNSの利用率は近年増加を続け、平成28年には71.2％に達した。

ている

SNSは気軽に利用できる双方向のコミュニケーションツールであり、その情報拡散力を有効利用し、緊急時でも迅速に幅広く情報を伝達する。また、双

できる

方向のやり取りが可能な特徴を活かし、都民からの

で

意見を収集し、都民が知りたい情報をタイムリーに発信していく。さらに、誤った情報の拡散を防ぐため、緊急時には情報の更新間隔をユーザーに伝え、最新情報を常に提供できるサービスを充実させる。こうした取組により、速やかに都内全域に確実に情報を伝達し、健康被害の拡大を阻止する万全な危機管理体制を整備する。

以上3つの取組を推進して「セーフシティ」の柱のひとつとして、食の安全・安心を確保し、誰もが

である

安心して食を楽しめる社会を実現させていく。

・SNSだけでなく、市区町村とも連携した情報提供の取組みにも触れると良いと思います。
・まずは都民から区へ連絡がいくことを想定する必要もあるでしょう。

AⅡ類

論 文 添 削 票

採点のポイント						
問題意識	問題（理想と現実のギャップ）を理解しているか	10	8	[6]	4	2
	問題の背景をとらえているか	10	8	[6]	4	2
	問題の原因を的確にとらえているか	10	8	[6]	4	2
	問題点と解決策の整合性はあるか	10	[8]	6	4	2
論理性	問題解決の実証性はあるか	[10]	8	6	4	2
	解決策は現実的、具体的か	10	[8]	6	4	2
表現力	文章は分かりやすいか	10	[8]	6	4	2
	誤字や脱字等のミスはないか	[10]	8	6	4	2
積極性	主任職の立場から論じているか	[10]	8	6	4	2
	自ら解決する意気込みが感じられるか	[10]	8	6	4	2

得点　82　点	極めて優秀 ○ 90点以上	ほぼ合格圏 70～89点	もう一工夫が必要 50～69点	相当の努力が必要 50点未満

講評

（1）の課題については定まった書き方があるので、それに合わせて書き直してください。

（2）の解決策に合わせた課題とするのが無難です。

（2）の解決策については良く書けていると思います。再度都の施策について確認し、整合を図ってください。

特に、

1　文章として全体的に流れているか。

2　課題と解決策はきちんと対応しているか。

3　主語と述語は明確になっているか。

4　同じ言葉や表現を繰り返し使っていないか。

に留意して見直し、推敲を重ねて完成論文に仕上げてください。

頑張ってください。

主任級職選考

B

論文

【主任級職選考 B 論文】

練習問題 1

　あなたの職場において、新たに配属された職員が仕事を進める上で必要な知識や能力を短期間に身に付けていくためにどのように取り組むべきか、これまでの経験を通じて気付いた問題点に言及した上で、あなたの考えを述べてください。

（1000 字〜 1500 字）

主任級職選考 B 論文　練習問題 1
合格者が書いた論文 ［論文例 1-1］

88点

1．求められる即戦力

　近年、経験豊かなベテラン職員の大量退職が続き、大量の補充が必要だった為、平成 19 年度では 10.0％だった 30 歳未満の職員構成比が、平成 29 年度では 20.9％となった。そのため新規採用や人事異動に伴う、新たに配属された職員が大きく増加している。一方、首都直下地震に備えた防災都市づくりや 2020 年東京オリンピックに向けた外国人への環境整備等の課題に直面しており、都民ニーズは従来にも増して多様化・複雑化している。

（改行）

　このような厳しい状況においても、行政の継続性・安定性を確保しつつ、迅速かつ的確に都民ニーズに応えていかなければならない。そのためには、新たに配属された職員が仕事を進める上で必要な知識や能力を早期に身に付けることが、極めて重要である。

2．即戦力化を阻む問題

　職場において問題となることは、以下の 3 点である。

　第一に、業務マニュアル自体はあるが、更新していない為、現在の事務処理方法に対応していないこ

【質問】：1（.）←これはあった方がよいのですか？
（東京都は 1 のあとに（.）をつけないで文書を作ることになっているため、つけない方がよい気がしますが…）文書規定を知らないと思われそうで心配です。

【回答】：論文は役所の文書でないので、一般的な原稿の使い方にしたがいましょう。ある方が正しいです。

・水害にも言及するのがタイムリーでしょう。

B

とである。そのため、新たに配属された職員が効率
的な事務処理ができない等、円滑な行政運営に支障
をきたしている。

第二に、一般的・基礎的な内容のOJTしか行われ
ておらず、実践的な実務に対応したOJTが行われて
いないことである。そのため、新たに配属された職
員の育成が遅れ、早期に活躍しにくくなっている。

第三に、情報やノウハウを個人のパソコンや紙
ファイルのみに保存されていて、他の職員が閲覧で
きないことである。そのため、新たに配属された職
員が情報やノウハウを取得しにくくなっている。

3．即戦力として活躍するために

職場において効果的・効率的な人材育成を実現す
るため、私は主任として以下の3点に取り組む。

第一に、最新業務マニュアルの作成を提案し、私
が中心となって作成する。具体的には、図やフロー
チャートを多用し、新たに配属された職員でも的確
な事務処理ができるよう工夫する。また例外的な処
理や時間の要する処理については、事例集として最
新業務マニュアルに追加する。作成後は、定期的に
更新することで常に現状に合った業務マニュアルに
する。より分かりやすい業務マニュアルがあること
で、新たに配属された職員でも、即戦力として業務
を遂行できるようになる。

第二に、新人職員とベテラン職員とで組むペア制

・内部的なことよりも、都民にどのような不利益を生じているか書く。

・ここも都民の視点で不利益を書く。

・マニュアルの作成は1人ではできないので作成PTなどを立ちあげ、ベテランの意見も入れて、作成する。そのあとのメンテナンスは「私がやる」で良い。

OJT の導入を提案する。私はベテラン職員の協力を得ながら、チェックシートを作成し、定期的に新人職員の習得状況を確認する。習得状況に応じて、可能な範囲で指導や助言を行うとともに、係長へ習得状況を報告することで、ペア制 OJT の定着を図る。新人職員は日常的にベテラン職員の仕事を体感することで、窓口や電話での対応や係間の調整方法等、手引き等に載っていない実践的な技術や知識を早期に習得できるようになる。

　第三に、個人が持っている情報やノウハウを電子データは組織の共有フォルダに、<u>紙情報は組織の共有紙ファイルに保存することを提案する。</u>具体的には、私が率先してファイルの型式やファイル名等、保存にあたっての約束等を決める。その後、項目別・時系列ごとに整理できる共有フォルダと共有紙ファイルを作成し、自らの情報やノウハウを保存する。全職員が同様に保存することで、各職員がいつでも必要な情報を閲覧・使用することができ、<u>新たに配属された職員も早期に仕事を習得しやすい環境になる。</u>

・小池都政なのですから、基本電子データやむを得ず紙ファイルの型を示す。

・マニュアルやノウハウは１．２．で書いてあるので、ここでは情報の共有化のメリットを書く。過去の経緯や担当者不在時の対応がやりやすくなるなど。

B

論 文 添 削 票

採点のポイント						
問題意識	問題（理想と現実のギャップ）を理解しているか	10	[8]	6	4	2
	問題の背景をとらえているか	10	[8]	6	4	2
	問題の原因を的確にとらえているか	10	[8]	6	4	2
	問題点と解決策の整合性はあるか	10	[8]	6	4	2
論理性	問題解決の実証性はあるか	[10]	8	6	4	2
	解決策は現実的、具体的か	[10]	8	6	4	2
表現力	文章は分かりやすいか	[10]	8	6	4	2
	誤字や脱字等のミスはないか	[10]	8	6	4	2
積極性	主任職の立場から論じているか	10	[8]	6	4	2
	自ら解決する意気込みが感じられるか	10	[8]	6	4	2

得点 **88** 点	極めて優秀 90 点以上	ほぼ合格圏 ○ 70 ～ 89 点	もう一工夫が必要 50 ～ 69 点	相当の努力が必要 50 点未満

講評

全般的には良く書けています。

ただし、「1.」の部分でもう少しタイムリーな話題を入れたほうが良いのと、「2.」の問題点「3.」の解決策に都民に対しての不利益、効果を入れるよう心がけましょう。

職場モノは内容が似てくるので、そのあたりで差を付けましょう。

主任級職選考 B 論文　練習問題 1
合格者が書いた論文 ［論文例 1-2］

86 点

2020 年の東京オリンピックや豊洲市場移転問題など、都民の都政への関心は高まる一方である。昨年度、都民の声総合窓口には 4 万 7 千件以上の意見や要望が寄せられ、その内容が年々多様化・複雑化していることからも理解される。

4 月は人事異動のため職場の一時的な戦力ダウンが心配されるが、サービスの質を落とすのは許されることではない。時期に関係なく満足のいく（できる）サービスを提供し都民の信頼に応えていくためには、新たに配属された職員が即戦力となるための取組が重要である。

解決すべき職場の課題として、以下の 3 点が指摘できる。

1．転入職員等に対するOJTが十分でない（不）

即戦力となる人材を育成するためには、職場でのOJTが効果的である。しかし、年度当初は人事異動に関わらず（係なく）組織全体が慌ただしく、転入職員へのフォローが後回しになりがちである。OJTの定着化・活発化への取組が重要であり、課題である。

・他と表現を合わせた方が良いです。

B

2．仕事に対する意識改革の徹底

（が希薄）

　個々の職員が最大限の能力を発揮するためには、仕事に対して意欲的であることが必要である。しかしながら、積極的に仕事を覚える姿勢が欠け、形式的な行政執行になりがちである。職員の意識改革は今なお不十分であり、改善が必要である。

（業務）（陥）（に）

3．職員間のコミュニケーション不足

　人事異動を機にメンタル不調により休職する職員も多くいる。その要因として職員間のコミュニケーション不足が挙げられる。新しく配属された職員が即戦力として力を発揮するためには、実務のみならずメンタル面でのサポートも重要であり、職場全体で取り組むべき課題である。

（見受けられ、）

　私は主任として、このような課題に向けて以下の3点に取り組む。

（れらの）（解決）

　第一に、日常業務の中でOJTを行える体制をつくる。具体的には、転入職員の業務について、年度当初の繁忙期限定で副担当を置くことを係長に提案する。副担当の選任については、前年度中に主任を中心に係で話し合う中で決定し、業務経験が長く話しやすさ等を考慮しなるべく同性の職員とする。身近に気軽に相談できる人を配置することで、必要な知識を早期に習得できる。また、逆にベテラン職員の仕事ぶりを近くで見て体得することで、担当外の業務に関する知識も身につく。私は主任として、適

（構築す）（を選任）

・解決策の表現になっているので、課題としての表現に改めてください。

・第1、第2、第3の解決策の文字数のバランスが悪いので調整してください。

・同じ内容の言葉の繰り返しになっています。

宜知識の習得状況を確認し、必要に応じて指導・助言を行う。

このように、日常の業務の遂行を通じて行うＯＪＴを定着することにより、転入職員の早期能力向上が可能となる。

第二に、職員の自己啓発を促す。組織における自分の立ち位置を確認させ、自分の担当する職務がどこに繋っているのかを理解させる。業務の流れを知ることで責任の重さを実感でき、モチベーションも上がる。配属早々にきっかけを作ることで仕事に対する意欲が高まり、自己啓発意識を促す。また、実務的な能力アップを図るため、積極的に研修を受講することも重要である。転入職員が気兼ねなく自己啓発に専念できるよう、主任として業務のフォローを確実に行う。

第三に、コミュニケーションの活性化を図る。定期的な係会の実施を提案し、主任が進行管理役を務める。そこでは仕事の進捗状況の報告だけでなく、職員の抱える悩みなどを全員で検討する場とする。職場全体でフォローしあえる体制を構築し、新たに配属された職員が転入時の不安を和らげ職務に専念できるよう、積極的にコミュニケーションをとる。

昨年度に比べ職員定数は５万人以上の増となったが、少数精鋭が求められている状況に変わりはない。多様化する都民ニーズに応えるためには職員１人ひ

（欄外注記）
・どういう方法によるのかの記述が必要です。
・同じような内容を繰り返しているので一本に絞った方が良いです
・何のきっかけかを明らかにしてください。
・確認できていますか。

とりが即戦力になる~~能力を身に付ける~~必要がある。
どの職場でも
職員の能力アップを図り効果的な課題解決を目指す

ため、主任が積極的役割を果たさなければならない。

論 文 添 削 票

採点のポイント						
問題意識	問題（理想と現実のギャップ）を理解しているか	10	[8]	6	4	2
	問題の背景をとらえているか	[10]	8	6	4	2
	問題の原因を的確にとらえているか	10	[8]	6	4	2
	問題点と解決策の整合性はあるか	10	[8]	6	4	2
論理性	問題解決の実証性はあるか	[10]	8	6	4	2
	解決策は現実的、具体的か	10	[8]	6	4	2
表現力	文章は分かりやすいか	10	[8]	6	4	2
	誤字や脱字等のミスはないか	10	[8]	6	4	2
積極性	主任職の立場から論じているか	[10]	8	6	4	2
	自ら解決する意気込みが感じられるか	10	[8]	6	4	2

得点 86 点	極めて優秀 90 点以上	[ほぼ合格圏] 70 ～ 89 点	もう一工夫が必要 50 ～ 69 点	相当の努力が必要 50 点未満

講評

　良く書けていると思いますが、解決策の内容が薄いのでさらに充実してください。

　再度

　1　文章が全体として流れているか。

　2　課題と解決策はきちんと対応しているか。同じ分量になっているか。

　解決策はバランスが良くないです。

　3　同じ言葉や表現を繰り返していないか。

等に注意して推敲を重ね完成論文に仕上げてください。

　時間がかかります。

　頑張ってください。

【主任級職選考 B 論文】

練習問題 2

　あなたの職場において、ベテラン職員の持つノウハウや専門性を新たに配属された職員に引き継いでいくにはどうしたらよいか、これまでの経験を通じて気付いた問題点に言及した上で、あなたの考えを述べてください。

（1000 字〜 1500 字）

合格者が書いた論文［論文例］

80点

　2020年の東京オリンピックや豊洲市場移転問題など、都民の都政への関心は高まる一方である。昨年度、都民の声総合窓口には4万7千件以上の意見や要望が寄せられ、その内容が年々多様化・複雑化していることからも理解（され）できる。

　4月は人事異動により一時的な戦力ダウンが心配されるが、（職場の）時期に関係なく満足できるサービスを提供し都民の信頼に応えていかなければならない。そのためには、ベテラン職員の持つノウハウや専門性を新たに配属された職員へ確実に引き継いでいくことが重要であるが、職場の課題として以下の3点が指摘できる。

1. 転入職員へのOJTが不十分

　転入職員にベテラン職員の持つノウハウを継承していく方法として、OJTは（極めて）とても効果的である。しかしながら、年度当初は（各々）それぞれの職員が業務に追われ、転入職員へのフォローが後回しにされがちである。OJTの定着化・活発化（は）が重要であり、職場全体で取り組むべき課題である。

２．ノウハウを蓄積するための仕組みが不十分

　ベテラン職員の持つ知識やノウハウを円滑に継承するためには、それらの情報をデータベース化し蓄積していく必要があるが、その仕組みが十分整っていない。情報の蓄積・共有を徹底し、属人的な業務執行とならないための体制づくりが重要である。

３．職場内のコミュニケーション不足

　１つの業務を１人で担当している職場も多く、横の繋がりが希薄になりがちである。知識やノウハウを円滑に継承するためには、コミュニケーションを活性化し風通しの良い職場を作ることが重要であり、１人１人が意識して取り組むべき課題である。

　私は主任として、これらの課題解決に向け以下の３点に取り組む。

　第一に、日常業務の中でＯＪＴを行える体制を構築する。具体的には、正・副の担当を必ず転入職員とベテラン職員の組み合わせとし、ベテラン職員の仕事ぶりを間近で見れる環境を作る。主任は、必要に応じて転入職員のフォローに入り、身近な相談役として積極的な声掛けを行う。また、週末に係会を開き業務の進捗状況を確認し合うことを提案し、係全体で個々の持つ知識やノウハウを共有できる時間を作る。この取組により、円滑なノウハウ継承が可能となる。

　第二に、個々の職員が持つ知識や情報を蓄積・共

・第１、第２、第３の解決策の文字数バランスが良くなるよう調整してください。

・「共有」は第２の解決策の主題となっています。

有するための仕組みを構築する。共有サーバーに業
務ごとのフォルダーを作成し、その中に業務マニュ
アルや活用しているデータ等を保存するよう周知徹
底する。主任は、各担当が保存した資料をまとめデー
（整理して）
タベース化し、誰もが簡単に検索し共有できる環境
を作る。また、日々の業務の中で発生した引き継ぐ
（整え）
べき情報を記録できる場所として、エクセルで作成
（も共有フォルダー内の）
した「業務メモ」ファイルを共有フォルダーに置き、
（で）
情報共有を図る。これらの取組により、ノウハウを
（できるようにする）
確実に継承できる。

第三に、職場内コミュニケーションの活性化を図
る。私は主任として、転入職員とベテラン職員が早
期に良い関係を築くためのパイプ役となり、積極的
な声掛けを行う。また、係会の中で職員の抱える悩
みなどを全員で検討する時間を設ける事を提案し、
（問題点）
職場全体で支え合う体制を作る。良好な人間関係を
（確保する）
築くことで意見交換が活発になり、日常会話の中で
（進んで職場が活性化し、業務知識やノウ）
も効果的なОЈТや情報共有が可能となる。
（ハウを確実に引き継ぐことが可能になる。）
昨年度に比べ職員定数は５百人以上の増となった
が、少数精鋭で業務遂行が求められている状況に変
わりはない。多様化する都民ニーズに応えるために
は、ベテラン職員の持つノウハウを確実に継承して
いく必要がある。課題解決に向けて、主任が積極的
役割を果たさなければならない。

・第一でも「構築」を使っているので他の言葉に言い換えてください。
（確保）

・積極的な声掛けは第1の解決策にもありました。どちらかと代えてください。
悩みを検討するという表現はどうかと思います。

・ОЈТと情報共有は第一、第二の解決策の中で述べてあります

B

論 文 添 削 票

採点のポイント						
問題意識	問題（理想と現実のギャップ）を理解しているか	○10	8	6	4	2
	問題の背景をとらえているか	○10	8	6	4	2
	問題の原因を的確にとらえているか	10	○8	6	4	2
	問題点と解決策の整合性はあるか	10	8	○6	4	2
論理性	問題解決の実証性はあるか	10	○8	6	4	2
	解決策は現実的、具体的か	10	○8	6	4	2
表現力	文章は分かりやすいか	10	○8	6	4	2
	誤字や脱字等のミスはないか	10	8	○6	4	2
積極性	主任職の立場から論じているか	10	○8	6	4	2
	自ら解決する意気込みが感じられるか	10	○8	6	4	2

得点 80 点	極めて優秀 90点以上	○ ほぼ合格圏 70～89点	もう一工夫が必要 50～69点	相当の努力が必要 50点未満

講評

解決策に重複しているところが見受けられます。再度、課題と解決策がきちんと対応しているか見直してください。

同じ言葉や表現の繰り返しや誤字が目に付きます。注意してください。

頑張ってください。

【増補版】合格者が書いた
主任試験・合格レベル論文実例集

2022 年 5 月 25 日　初版発行

著　者　　「4 ウエイ方式」論文通信添削研究会
発行人　　武内　英晴
発行所　　公人の友社
　　　　　〒 112-0002　東京都文京区小石川 5 − 2 6 − 8
　　　　　TEL 03 − 3 8 1 1 − 5 7 0 1
　　　　　FAX 03 − 3 8 1 1 − 5 7 9 5
　　　　　E メール　info@koujinnotomo.com
　　　　　ホームページ　http://koujinnotomo.com/
印刷所　　倉敷印刷所株式会社

ISBN978-4-87555-880-4